思维世界的发展，在某种意义上说，就是对惊奇的不断摆脱。

——爱因斯坦

B R A I N

如何培养推理脑

聪明人都在玩的推理游戏

B U I L D E R

[英]查尔斯·菲利普斯 著
李俊 译

P A T T E R N S

九州出版社
JIUZHOUPRESS

图书在版编目（CIP）数据

如何培养推理脑 ： 聪明人都在玩的推理游戏 / （英）菲利普斯著 ； 李俊译． -- 北京 ： 九州出版社， 2016.3

书名原文： BRAIN BUILDER PATTERNS

ISBN 978-7-5108-4262-7

Ⅰ． ①如… Ⅱ． ①菲… ②李… Ⅲ． ①智力游戏—通俗读物 Ⅳ． ① G898.2

中国版本图书馆 CIP 数据核字（2016）第 050620 号

北京版权保护中心外国图书合同登记号：01-2015-2652

如何培养推理脑：聪明人都在玩的推理游戏

作　　者　（英）查尔斯·菲利普斯　著　李俊　译
出版发行　九州出版社
地　　址　北京市西城区阜外大街甲 35 号（100037）
发行电话　(010)68992190/3/5/6
网　　址　www.jiuzhoupress.com
电子信箱　jiuzhou@jiuzhoupress.com
印　　刷　北京美图印务有限公司
开　　本　880 毫米 ×1230 毫米　32 开
印　　张　5.5
字　　数　40 千字
版　　次　2016 年 5 月第 1 版
印　　次　2016 年 5 月第 1 次印刷
书　　号　ISBN 978-7-5108-4262-7
定　　价　32.00 元

BRAIN BUILDER PATTERNS

| 目录 |

测试一答案

测试二

测试二答案

BRAIN BUILDER PATTERNS

| 引言 |

无论你阅读本书的时候身处何地，环顾一下四周，你会发现自己很容易观察到各种各样的图像模式。我们的眼睛很擅长观察，而我们的大脑会立即对观察到的图像做出反应。

在大自然中，你的目光可能会被树叶、鲜花、树干组成的一棵树吸引，也会注意到动物的皮毛，观察到风吹过雪地的纹路，注意到石头扔进湖中泛起的涟漪。在城市中，你不仅也会看到上述的景象，还会看到铺在人行道上的地砖、一排排的路灯、公园的围栏和健身设施。身处高楼大厦向下看去，你会看到运动的人和车辆，也一定会看到其他的图像模式。

无论我们能否意识到，图像模式都在我们能看到的每一个地方存在着，同时我们也创造着图像模式。我们在视觉艺术上的享受，很大程度源于对颜色和图像模式的感知。从布里奇特·赖利（Bridget Riley）和马克·罗斯科（Mark Rothko）的现代艺术，回溯文艺复兴时期、中世纪甚至史前文明的洞穴壁画，那些充满艺术感的图像都深深地吸引着我们，人类的大脑对这些颜色和图像模式也留下了深刻的印象。在电影、电视以及电子游戏中，光线、色彩、形状和图案的运用都帮助创作者对故事做出了更好的诠释。

在服饰设计、服装剪裁、家具以及家居装饰中，图像模式也发挥了关键作用。也就是说，衣服或布料上的格子纹、细条纹、人字形、花卉设计、豹纹图案，墙壁上的软装饰、条纹、斑点的壁纸或者自然影像等，这一切都会激发出我们对图像模式与生俱来的感受。

感受节奏

有时候，你可能会听到一些声音或者是莫名出现一种感受。当你去歌剧院，听歌剧《罗密欧与朱丽叶》中唱道："离别是这样甜蜜的忧伤，那我会说晚安，直到天明。"那时你享受的就是由威廉·莎士比亚建立的语言模式。当你坐在家中，打着节拍听自己喜欢的音乐——不管是罗西尼（Rossini）还是迈尔斯·戴维斯（Miles Davis）的音乐，又或者是节奏动感的金属乐，这表明你正处在自己喜欢的音乐模式下。你沿着粗糙的墙面摸索感受到的粗糙，以及摸人的脉搏时感受到的脉搏跳动，都是一种模式。

模式的感知和对称性

当人被一些图像吸引住，同时也就激活了他大脑的视觉区域，从而产生愉悦的体验。当我们感受周围的情景时，大脑也在以同样的方式运作。

在图像模式中有一种重要的形式——对称，即图像两侧完全一样。在我们的生活中，一些事物也完美地体现了这种对称性，比如植物的叶子、蝴蝶的翅膀，几乎都是对称的，也就是说对称轴两侧的图案几乎是一致的。事实上，蝴蝶的整个身体都是对称的，人类的身体也是对称的——从头到脚地在身体正中间画一条线，你会发现左侧的身体和右侧的身体几乎是一样的，一侧几乎是另外一侧的镜像（并且有人发现，人的面部两侧越对称，这个人看起来越漂亮）。地球上有许许多多身体对称的动物。

对称还有另外一种重要形式，即放射性对称。想一下树干和蘑菇，他们都是围绕着中心轴对称地发散出来，动物中的水母和海葵的身体就呈放射性对称。我们称这种放射模式为发散形状。

科学家们通过对对称性进行调查研究，扩展了人类对大自然运作方式的了解。

科学家的研究表明，在这世界上，还有一些人类所不了解的图像模式存在。比如，我们看不到紫外线和偏振光。然而蜜蜂能看到紫外线，并遵循这种模式发现花朵；鱼类和鸟类则利用偏振光模式在大海和天空中给自己导航。

数学中的模式

像我们在《如何培养数字脑——聪明人都在玩的数字游戏》中看到的那样，许多数学家把快乐建立在开发数字序列模式上，他们发明了许多有趣的图像模式题目。比如网格题目，要求用数字填入棋盘式的网格。

我们举一个网格题的例子来说明：如果你想要在常规的地面上铺瓷砖，瓷砖既不能重叠，也不能裁切。假设所有瓷砖都是同样的形状和尺寸，而且每一条边都是一样的长度，那么，什么形状的瓷砖符合题目要求？答案是：只有正五边形、三角形和正方形这 3 种形状。

数学家们提出了许多类似的问题，如同上面提到的网格题，因为其中的多边形都是形状相同、大小相同，并且边长也都相同，我们称其为“常规的网格题目”。增加了难度的网格题目可能混合了各种形状（比如，将五边形和三角形混合在一起），或者是从平面图像转换为三维立体图像。

可视化信息

对于人类的大脑来说，将信息以图像的方式呈现出来，比用枯燥的数字呈现更容易被处理。科学家常常用柱形图、曲线图或者维恩图法等方法呈现自己的研究结果。每种图表都会呈现出不同的效果：曲线图比较适合于观察变化，比如随着时间推移产生的数字变化；柱形图适合用来表现量之间的差异，比如用来表现不同的公司或部门的产出关系；维恩图法能够清晰地表现整体和部分之间的关系。

同样，通过图像的形式表达想法，也更容易被人理解。图像思维咨询师丹·罗姆（Dan Roam）建议业务主管经常运用图像展示自己的理念，这样会帮助他们更有效地解决问题。他认为我们每一个人都具有图形思维。当然，他并不是要求你像伟大的画家一样画出赏心悦目的图画，他指的是利用废纸（比如餐巾纸的背面）画出简单的图画，以帮助你将复杂的观点清晰、直接地传递给大家。这些图像指的是一些简单的图形，比如正方形、三角形、圆形，以及表示想法和操作步骤之间关系的带箭头的连线，之后再用简单的、不同颜色的柱形来代表员工、经理或者其他个人。

电影镜头的时间跨度

一些模式可以帮助我们了解时间跨度。20世纪90年代，德克萨斯大学奥斯汀分校做了一系列的实验来测试志愿者注意力的时间跨度。研究人员发现，人的注意力会随时间进行波动——人们注意力的时间跨度随着被数学家称之为1/ f的模式起伏。

随后，纽约康奈尔大学的詹姆士·卡廷（James Cutting）发现，大约从1960年开始，越来越多成功的电影都遵循着1 / f起伏模式来设计电影镜头的长度，即电影结构与人的注意力模式相符——随着人的注意力波动频率，特定长度的镜头定期出现。他还特别指出，电影制片人已经开始使用长短镜头的模式来更好地匹配观众的注意力模式，看起来好莱坞的那些成功的电影制作人也越来越聪明！

更好的思维模式

在生活中发现模式，对我们与周围的环境互动有着重要意义。我们通过了解各种模式使世界呈现在我们面前，也通过测量和运算我们收集的数据发现模式。

俄国化学家门捷列夫（Dmitri Mendeleev，1834-1907）将数学模式应用在化学元素上，因此创造了化学元素周期表，并撰写了一本教科书——《化学原理》。这本书对元素周期表的推广起到了很大的作用。他发现的这种模式十分强大，即便是后世的化学家们发现的新元素，也都已经包含在他的元素周期表中了。

我们试图根据收集到的信息和数据模式预测未来的事件，比如寻找未来的交易模式或预报天气。我们通过总结过去各种天气对应的不同大气模式来预测天气。在《如何培养逻辑脑——聪明人都在玩的逻辑游戏》一书中我将介绍在金融市场上，股票交易者如何通过使用斐波那契序列预测股价。

但是，哪一种是你的思维模式呢？是否有一些人马上可以看出的模式，你却看不出来？可能你的同事或者同学在看详细的图像或数据时都看到了某种形式，但你没看出来。不要灰心！请记住，每一个人都有自己的优势和劣势。获得成功的关键是不放弃，坚持辨识各种形式能够使我们的大脑表现得更出色。

现在，通过完成本书中的题目，加强你发现和创建形式的能力。本书中的题目会提升你辨识各种模式的速度和精准度，同时也会锻炼你的综合思维能力。

运用本书提升思维能力

《如何培养推理脑——聪明人都在玩的推理游戏》是“聪明人都在玩的脑力游戏”系列的一本，这个系列中的每一本书都提供了两个阶段的有趣的智力题，可以帮助你测试自己思维水平，然后通过这些练习提升你的思维能力。

每本书中的两部分题目分别为测试一和测试二，每一部分题目的后面是它的答案。当你完成测试一中的题目后，可以使用我们给出的评分系统为自己的表现评分（详见“如何给自己评分”），测试一的答案部分还给出了许多解题的提示、技巧和指导。认真研究这些内容后，我相信你一定会在测试二中表现得更加出色。

你最好对测试一答案部分的“智力开发小贴士”进行研究

之后，再开始解答测试二中的题目，并给自己的表现打分，之后比较测试一和测试二两部分的得分，看看你的表现是否有所提高。如果你发现自己的分数并没有增加，也不要担心，这只是提醒你应该更加认真地思考题目的解答过程和解决方案。

接下来，通过“聪明人都在玩的脑力游戏”系列中的另外3本书（《如何培养逻辑脑》《如何培养数字脑》《如何培养几何脑》），你就会了解你自己大脑的整体表现（详见第149页“思维能力评分表”）。接下来，如果你想要进一步提高自己的思维能力，就应该更专注在需要提高的思维类型上，进行更多的练习。更重要的是，很快你就会发现随着自己思维能力的提高，在工作、学习、交际或者其他方面的各种表现也会获得提升。

“聪明人都在玩的脑力游戏”系列可以帮助你改变思维习惯，相信这种改变一定会给你每天的生活带来不同的体验。希望你喜欢这本书，并享受思考的乐趣！

如何给自己评分

如果你得出一道题的正确答案，给自己评2分；如果你并没有得出正确答案，但是解题思路正确，给自己评1分；

如果你的整个解题思路都是错误的或完全没有思路，给自己评 0 分。

在测试一的答案部分，我们给出了相关的解题建议、题目背景和智力开发小贴士，如果你在解题过程中遇到困难，可以进行参考。在有些题目中，我们给出的部分建议可能会帮助你解决后面相似的题目，你可以通过后面的题目，检查之前的解题建议和智力开发小贴士是否对你有所帮助。

BRAIN

BUILDER

PATTERNS

测试一

测试一一共有 25 道题。这 25 道题目的难度各不相同——其中有 10 道题难度一般，10 道题是中等难度，另外 5 道题目处理起来则可能比较棘手。

在解答完所有题目后，你可以根据引言中的评分指导进行评分。我建议你不要忽略答案部分给出的智力开发小贴士和解题建议，它们可以帮助你提升思维水平。

祝你好运！希望你享受解题的过程！

题目01 连接纽扣

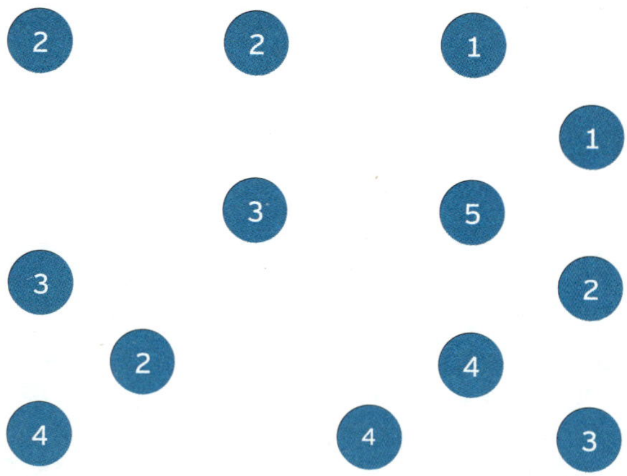

一名数学老师买了台新缝纫机，她积极地尝试了缝纫机的纽扣连结功能后，构思了一道课堂趣味题。

在左图中，每一个含有数字的圆圈都代表一颗纽扣，数字代表与每颗纽扣相连的线条数。这名老师要求学生们在它们中间加入能使所有的纽扣连结在一起的一系列线条，且线条必须符合下面规则：

- 线条不可以相互交叉，也不可以在纽扣上面或者底部交叉，且两个纽扣中间不可以有两条以上（不含两条）的线。
- 你可以水平方向或垂直方向缝纫这些线，但不可以倾斜缝纫。完成缝纫后，绘制一个完整的纽扣连接示意图。

回答这种类型的题目要求你有快速和精准的思维能力，这道题能够培训你将元素图像化思考的能力。

提示：

为什么不从最大的数字或最小的数字开始思考呢？

题目02 六边形的杯垫

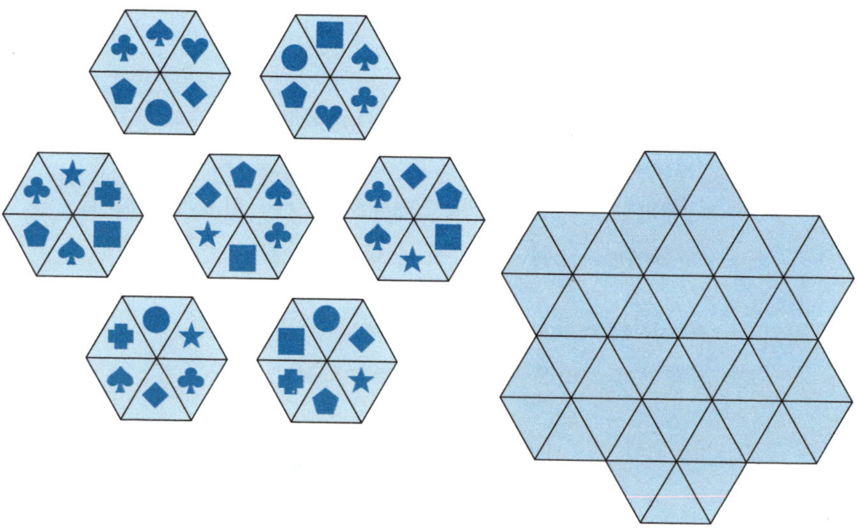

一名艺术家设计了一种六边形的杯垫，为了进行推广，他设计了这道题：将这些六边形的杯垫放入左图的网格中，要求两个相邻的六边形中相邻三角形内的图案是一样的。六边形不能旋转或翻转。你能做到吗？

在网格中协调这 7 个六边形杯垫的图案，可以很好地开发你的视觉空间想象力。

提示：

先确定最上面的六边形。

题目03 两种色调

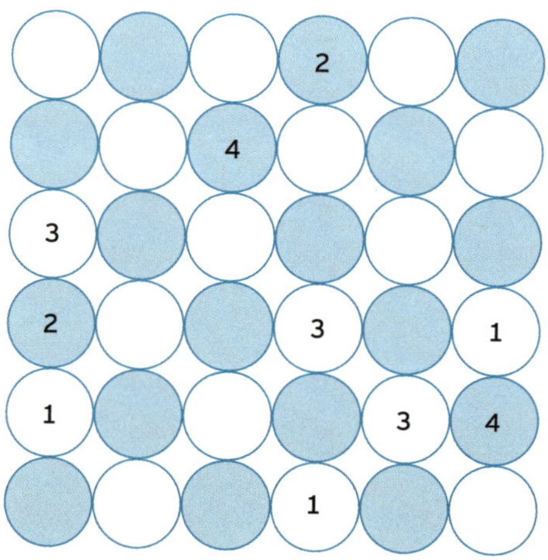

在天空乐队的旅行巴士上，乐队主唱为了帮队员打发时间，设计了这道简单的有两种色调的数字图像游戏题。题目要求队员将数字填入圆圈内，使图中每一行和每一列都包含数字 1~6。同时，要求白色的圆圈中填入的必须是奇数 1、3 和 5，而蓝色的圆圈中则需要填入偶数 2、4 和 6。图中已经预先给出了一些数字。

这道数字填图题目包含了一些视觉图像元素，它主要测试的是你的数字逻辑思维和简单的处理图像的能力。

提示：

你可以立刻拿起铅笔，将数字 5 填入左数第一列与第一行相交的圆圈中。

题目04 符号填图

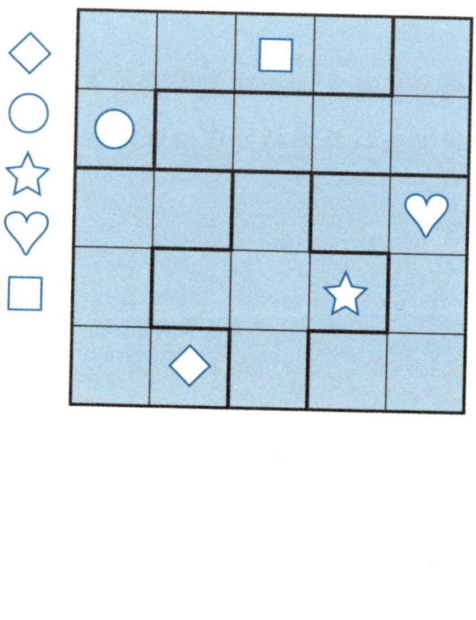

一名时髦的计算机项目经理为智能手机开发了这个符号网格题的应用，并将其命名为“整齐的配合”。应用要求，将图中左侧的符号放入右侧的网格中，使网格的每一行、每一列以及用粗线划分出的 5 个区域都包含图中的 5 个符号。网格中已经预先给出了一些符号。

这道题能够测试你的逻辑思维能力，也能测试你将细节与整体相结合的视觉思维能力。

提示：

在右下角用粗线划分的区域中，五角星只能出现在最右下角的方格中。

题目05 筛子

列提示（从左到右）：

1	2	3	4	5	6	7	8	9	10	11
1 1	3 2 1	1 1 1 1 2	2 2 2 1	1 2 2	1 3	3 2 1	2 1 1	1 2 3 1 1	1 1 1 1	3 2 1 2

行提示（从上到下）：

1 3 1
3 1 3
1 1 1 1
2 1
2 1 3
2 1
3 1 1
1 1 1 2
2
1
3 5
1
1 4
4 1

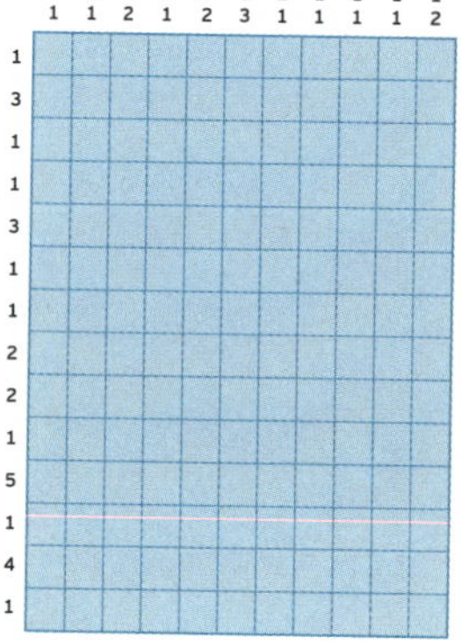

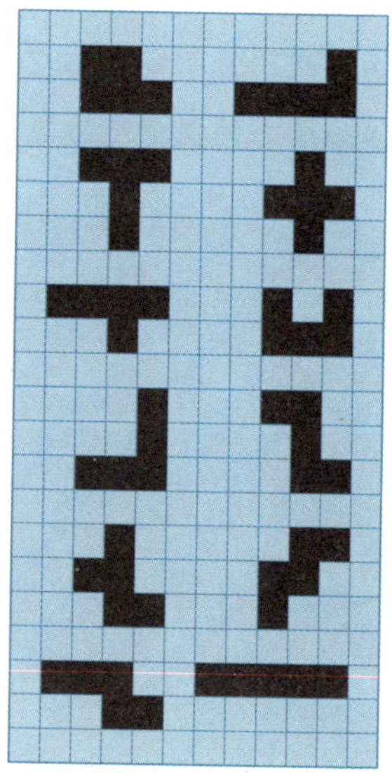

一名迷宫设计师为贸易行业的奇闻杂志社举办了一场比赛，并设计了这道题，要求玩家将图中右侧的 12 个图形放入左侧网格中。具体规则如下 :

- 图形可以被任意旋转，但是不允许任何两个图形相连，即便是对角线方向也不可以。
- 网格外的数字代表的是其对应每一行和每一列中连续的灰色小方格的数目。例如，“3 2”指的是以 0 个以上（包括 0）的空白方格开始，后面接着是 3 个灰色方格，它后面是 1 个或者 1 个以上的空白方格，然后接的是 2 个灰色方格，再后面可以是任意数目的空白方格。

这道题要求你根据题目给出的数字线索，推断出灰色小方格的位置和几组灰色小方格中间的间隔，它能够很好地锻炼你的推算复杂数据的能力。

提示：

可以从数目较大的小方格算起。

题目06 时光倒流

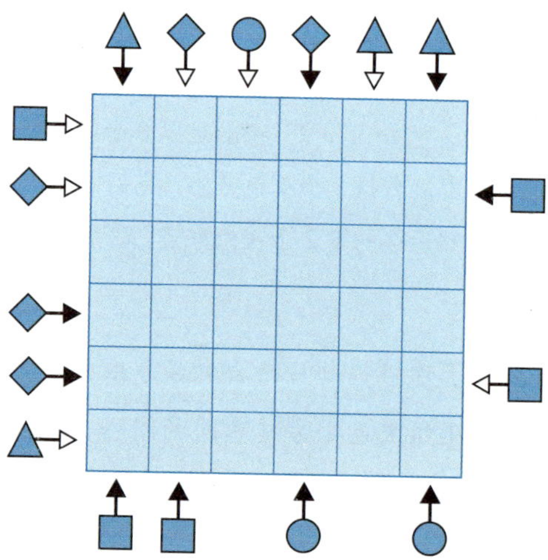

在一趟无聊的旅途中，物理学专业的一名学生开始思考关于时间旅行的问题，随后他设计出了这道“时光倒流”题：在原来的网格中，每一行和每一列都包含一个三角形、一个正方形、一个菱形、一个圆形和两个空白方格。你能将原来的网格重现吗？提示如下：

- 每一个带有黑色箭头的图形表示，在箭头方向上，该图形为 4 个图形中第一个出现的图形。
- 每一个带有白色箭头的图形表示，在箭头方向上，该图形为 4 个图形中第二个出现的图形。

提示：

左数第一列的最后一个空格只能放正方形。

题目07 桌上的巧克力

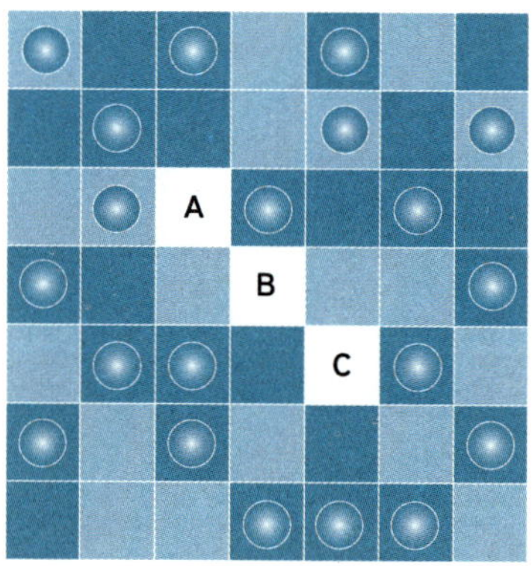

一位母亲在一张有正方形网格图案的桌子上放了一些巧克力。这些巧克力看起来是随机摆放的，但其中却暗含着隐秘的图像逻辑。请问空白方格 A、B 和 C 中应该分别填入什么颜色和图案？只有解答出难题的孩子才可以吃到巧克力，你能帮助他们吗？

你需要整理出网格中包含的元素，运用你的逻辑思维推理出空白方格的图案。

提示：

仔细观察网格中不同颜色正方形的排列。

题目 08 数字作图

	3	4	4	2 3 2	2 4 2	2 4 2	2 4 2	2 2	6	6	4
9											
11											
3 3											
3 3											
7											
7											
4											
4											
0											
4											
4											

一名数学教授在休息的时候喜欢画数字水彩画，有一天，她在画架上发现了这道网格图像题目，你能帮助她找出其中的图像吗？网格上方和左侧给出的数字分别指每一行和每一列中包含的深色小方格的数量。例如，网格左侧的数字“3 3”，代表的其对应的一行有两组由 3 块深色小方格组成的图像，并且这两组小方格中间有至少一块以上的空白方隔。画出所有深色小方格，你就能看到整幅图像了。

这是图绘方块（Nonogram）题中的一道。图绘方块是日本人在 20 世纪 80 年代发明的游戏题，1990 年在英国第一次以 Nonogram 这个名字被发表出来。解答这种类型的题目需要你的专注力和对细节的观察力。

提示：

从最大的数字填起。

题目09 染色玻璃窗

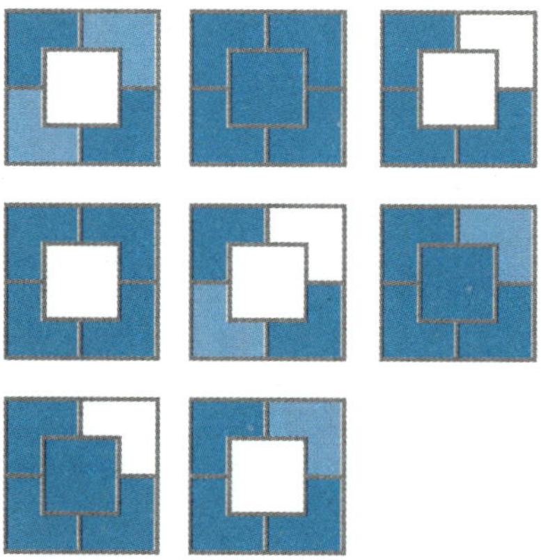

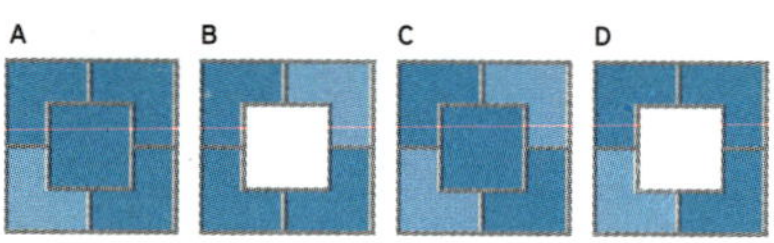

一个酒吧需要设计染色玻璃窗，艺术家罗琳在她的提案中展示了这道题。请问，在图像 A~D 中，哪一个图像应该被填入空白处，从而使得 9 扇窗的每一行和每一列都包含相同的元素？

这道题目要求你清楚地观察图像中的细微变化，我们称这种类型的题目为矩阵逻辑题。

提示：

不要将重点放在旋转图像上，仔细研究图像中的元素。

题目10 圆点数独

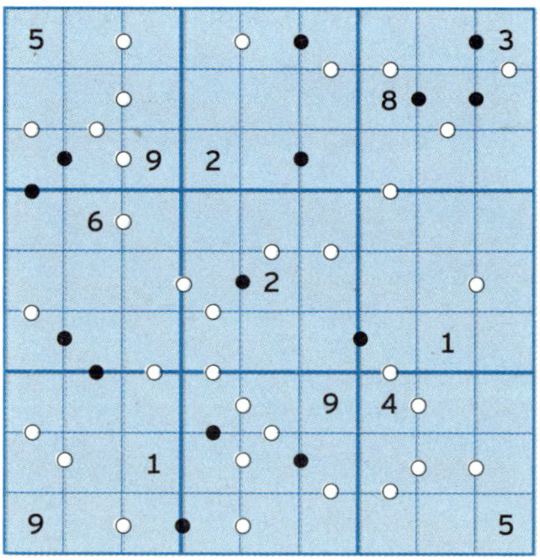

一名热爱钩针编织品的谜题设计者灵光一闪，设计出了这道点数独题目。本题的部分要求与标准的数独题目一样——将数字 1~9 填入网格的每一行、每一列以及每一个由 9 块小方格组成的正方形区域中。本题的不同之处在于给出了一些黑色和白色的圆点作为线索，并且图中已经预先给出了一些数字。你能根据下面的提示完成整个网格吗？提示如下：

- 白色圆点表示相邻的两个数字之间的差是 1。
- 黑色圆点表示相邻的两个数字之间相差 1 倍（1 和 2 中间的圆点可以是黑色的，也可以是白色的）。

题目中的圆点给这道题带来了新鲜元素。解答这道题要求你思路清晰、有耐心，且具有灵活的数字组合能力。

提示：

网格右上角的数字 8，与其用黑点连接相邻的数字只能是 4。

题目 11 波点网格题

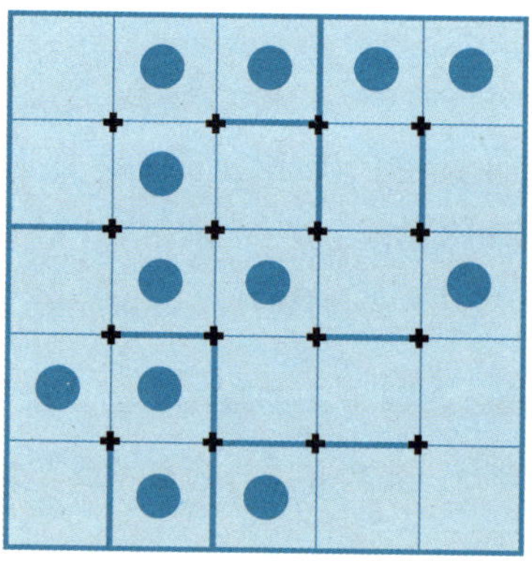

在数学家的婚礼上，一名女帽设计师设计出了这道波点网格题目。题目要求你按照下面的规则画出分割线，将网格分割出不同的区域（图中已经为你预画了一些线）。具体规则如下：

- 每一个区域只能包含两个圆点。
- 网格中的每一个“+”至少要和两条分割线相连。
- 区域的大小必须与以下这些数字匹配：2、4、4、4、5、6，即有一个区域必须由两个正方形组成，有 3 个区域必须由 4 个正方形组成，依次类推。

解答这道题目将测试和发展你的视觉记忆力。

提示：

按照题目要求，包含两个圆点的区域比较容易找到，且面积最大的区域位于整个网格的右下角。

题目12 光明岛的水果

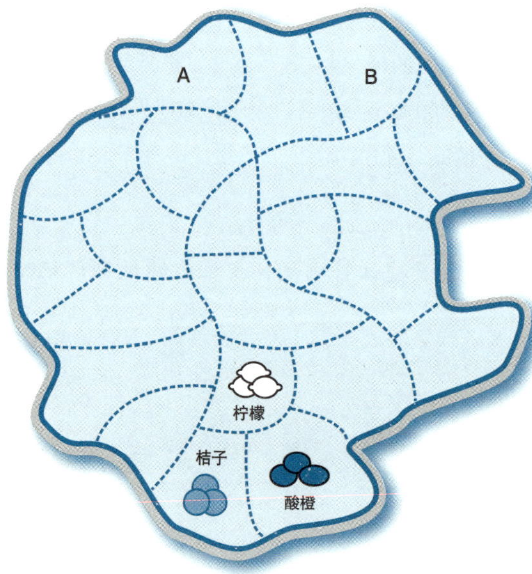

两名果农买了一个特殊形状的岛屿来种植柠檬、酸橙和桔子。他们不希望任何相邻的两块区域种植同一种作物，那么，他们应该在区域 A 和 B 中种植什么作物？

运用图像化思维小心规划种植的作物，这样你才可能一步一步稳健地接近答案。如果想增加难度，你可以只利用想象在脑海中推理相应的作物。

提示：

你可以从只有柠檬和酸橙的区域开始推算，也可以从只有柠檬和桔子的区域入手。

题目13 马赛克生日卡

		9	1			1
		1		5	5	
	1			1	5	2
9	6		6	3	3	
	9	1	5	5		1
8	2	2	8	8	5	
			8		2	2

马赛克艺术家在送儿子的生日卡片上设计了这道变化多样的马赛克题目。具体要求如下：

- 将网格划分成任意形状的区域，每块区域内的所有数字都相同，且包含的小正方形的数量与其对应数字一致。例如，一个区域内的所有小正方形都包含数字 9，这个区域就应由 9 个小正方形组成。
- 单独区域中的数字可能会重复，但没有任何一个区域在水平方向和垂直方向上，与另外一个同样大小的区域相邻。

这道图像位置题是一道费罗米诺（Fillomino）题，最初由日本的出版公司尼克里（Nikoli）创建的（详见题目 14）。本题能够测试你的逻辑思维能力，并且开发你观察连锁图像覆盖网格的能力。

提示：

最大块的区域应该位于网格的左上角。

题目14 格子拼图

<table>
<tr><td></td><td></td><td></td><td></td><td></td><td></td><td></td><td>4</td><td></td><td></td></tr>
<tr><td></td><td>9</td><td></td><td>10</td><td></td><td></td><td>4</td><td></td><td></td><td></td></tr>
<tr><td></td><td></td><td></td><td></td><td></td><td>3</td><td></td><td></td><td></td><td>6</td></tr>
<tr><td></td><td></td><td>6</td><td></td><td></td><td></td><td>6</td><td></td><td></td><td></td></tr>
<tr><td></td><td></td><td></td><td></td><td></td><td></td><td></td><td></td><td></td><td>6</td></tr>
<tr><td></td><td>6</td><td></td><td></td><td></td><td></td><td></td><td>4</td><td></td><td></td></tr>
<tr><td></td><td></td><td></td><td>9</td><td></td><td></td><td></td><td></td><td></td><td></td></tr>
<tr><td></td><td></td><td></td><td></td><td></td><td>4</td><td></td><td></td><td></td><td></td></tr>
<tr><td></td><td></td><td>6</td><td></td><td></td><td></td><td></td><td>9</td><td></td><td></td></tr>
<tr><td></td><td></td><td></td><td></td><td>8</td><td></td><td></td><td></td><td></td><td></td></tr>
</table>

一名室内设计师创造了这个数字矩阵拼图，你的任务是将图中的网格划分成正方形和长方形矩阵，使每个矩阵都含有单独的数字，并且这些数字恰好是矩阵内小正方形的数量。

这种类型的题目被称为四角（Shikaku）题目，同样也是由日本的出版公司尼克里发明的，和马苏由（Masyu）题目一样，是包含了一系列数字的智力题，能测试并发展你的图像化思维和逻辑思维能力。这类题需要你从已经预先给出的数字开始一步一步地分析、稳健地推断，最终解出答案。与费罗米诺题目不同的是，在本题中你只能在每一个区域中放入一个单独的数字。

提示：

由于每个区域都是正方形或长方形，网格左上角包含数字 9 的区域只能是一个 3×3 的正方形。

题目15 五边形

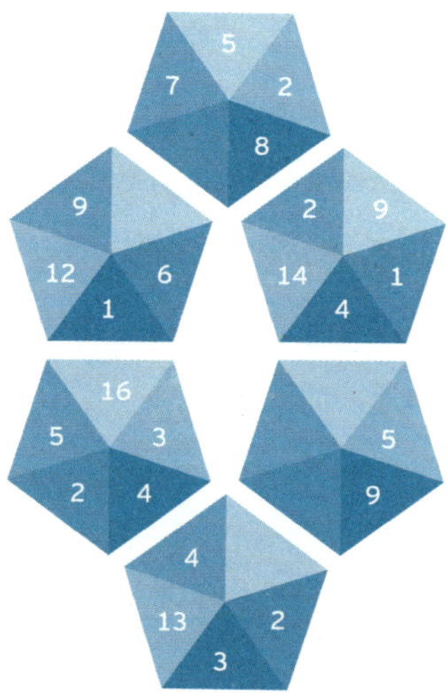

从高屋阳台往下看，下雨的街道上熙熙攘攘地挤满拿着雨伞的人。一位小说家在休息时，因此获得了灵感，设计了这道简单的数字图像题目。你的任务是：发现这些预先给出了部分数字的五边形中隐藏的规律，将合适的数字填写在空白区域中。

解答这种类型的数字图像题，会发展你观察数字和图像之间关系的能力。

提示：

你需要寻找的是五边形之间，以及五边形内部数字之间的关系。

题目16 来杯啤酒

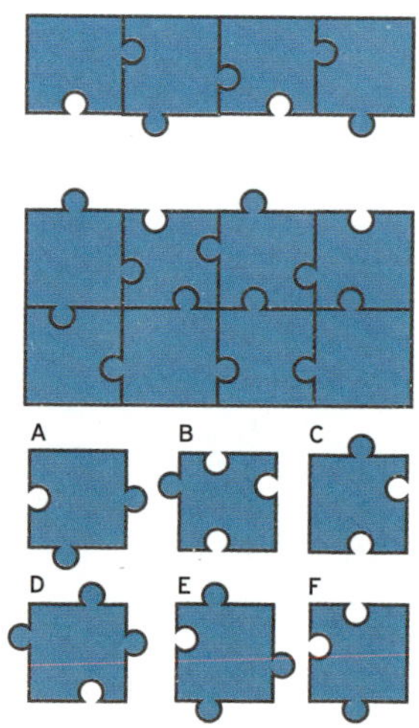

一个小型啤酒生产商为了推广他们的新型发酵啤酒，创作了这道简单的“拼图”题目。图片 A~F 中的哪 4 张图片可以用来填充上方拼图的空白处？图片可以旋转但不可翻转。

这道有趣的题目要求你拥有观察图片之间关联的能力。在头脑中顺时针或者逆时针旋转图片，看看哪些图片的关键部分与拼图相互吻合。当然，你需要有清晰的思路。有趣的是，啤酒生产商在宣传材料中写道：“拼图同喝酒一样，喝完一杯很容易做到，但是 3 杯之后你会面临新的挑战！”

提示：

拼图的左右两面需要一条完整的边（没有缺口），先试着从此处着手。

题目17 地砖拼图

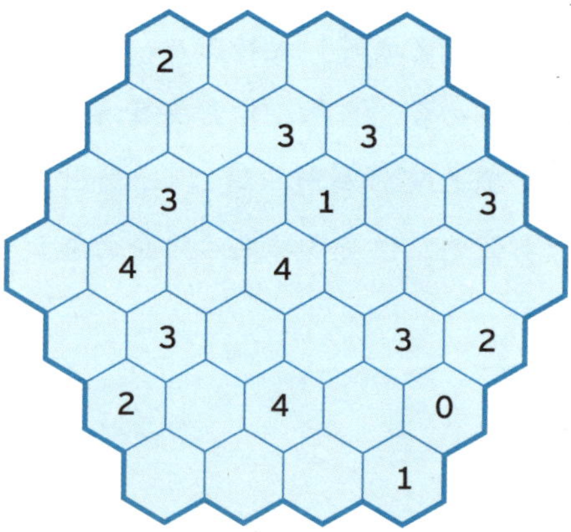

一名铺地板砖的学徒工为电影制作人的房子铺完地板砖后，发明了这道题。题目规则如下：

- 图中每一个六边形中的数字指的是与其相邻且需要涂黑的六边形的数量。
- 将部分没有数字的六边形涂黑，直到所有被涂黑的六边形都正确地围绕着含有数字的六边形。
- 不要涂黑任何一个含有数字的六边形。

通过这个练习，你的图像思维能力将会得到锻炼。这道题是否对你有所帮助？你可以在思考涂黑六边形的时候在相应的图中画上一个点或者标其他的记号，当你完全确定后再涂黑它们。

提示：

你可以从数字 0 着手思考。

题目18 寻找树荫

				●					●	3
●			●			●				1
									●	1
●								●		4
					●					0
						●	●			3
	●			●						1
			●			●	●			4
●				●				●		1
			●		●					3
2	2	2	2	3	1	3	1	3	2	

一些朋友在法国南部为搭建帐篷寻找合适的地点。为了获得最好的露营体验，他们决定使每一顶帐篷在水平或垂直方向上至少挨着一棵树（树在图中用圆圈表示）。但是无论是水平、垂直还是对角线方向，都没有一顶帐篷会与另外一顶帐篷相邻。网格右边和下方的数字指的是其对应每一行和每一列帐篷的数量。你能画出这些帐篷的位置吗？

当你使用常识和逻辑推理思维找到网格内所有帐篷的位置时，你的图像化思维能力也会在不知不觉中得到提升。

提示：

根据第五行的数字 0，你很容易推理出第四行中帐篷的位置

题目19 白底黑块

2				2		0	1	
		6	4		2	1		2
3				3			3	
	5	3	3		3	4		
			4			4		3
4				3		4	2	
		5		3		3		1
	5			1		4		3
		1	1		2			

一名数学系学生利用暑假帮助父亲经营瓷砖生意，他以此为灵感发明了这道简洁的白底黑块题。网格中的每个数字表示围绕着它的水平、垂直和对角线方向的黑色正方形数量的总和。你的任务是将空白的方格涂黑，直到白色方格中的数字和其周边黑色方格的数量一致。

应用简单的数学运算、逻辑观察能力和图像化思维能力解决这道题。

提示：

网格左上方含有数字 6 的正方形几乎被完全包围，这有助于你推导左上方数字 2 和 3 周围的黑色正方形。

题目20 扭曲的因数 9

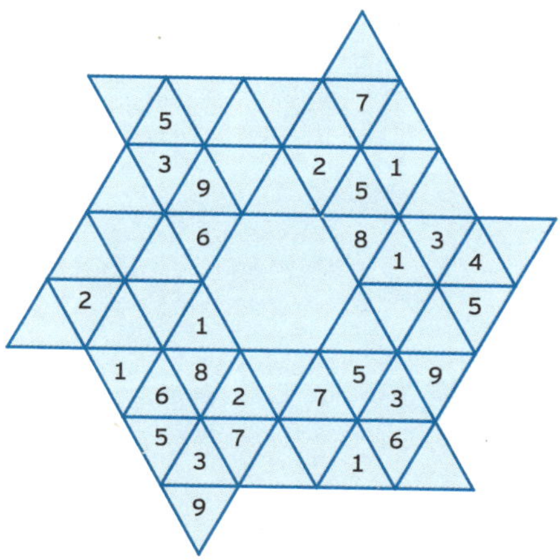

一个电子游戏设计者为玩家创作了这道数字图像题。左图由 6 个大三角形组成，每一个大三角形都由 9 个小三角形组成。玩家需要把数字 1~9 放置到小三角形内，数字不可以重复出现在小三角边边相邻的直线方向上（包括被中间空白六边形切断的直线）上。

这道题是数独网格题的现代化版本，它同时测试和发展了你的视觉思维和逻辑思维。

提示：

最下面的小三角形和最上面的小三角形内的数字相同。

题目 21 D 字路径

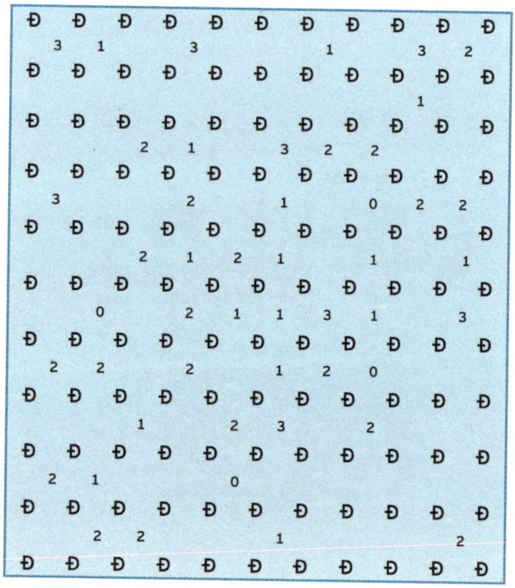

一名会议组织者在制定座位表时，设计了这道曲线路径题。你的任务是根据规则将 D 连接成一条循环路径。具体规则如下：

- 路径线条不可以相互交叉。
- 图中的每一个数字指其四周围绕的线条的总数。

这道题测试和开发的技能与题目 17 和题目 19 一样。你需要结合数字逻辑，机警地找出编码的图像模式。

提示：

你可以从数字 0 着手画画。

题目22 骰子加法题

在海风吹拂的哈德良城，一群罗马士兵正在玩掷骰子的游戏。一个士兵对另外一个士兵说："这里有 10 个骰子，你能将它们放置在一个平面上，使它们形成 5 条线，并且每一条线上总计都是 24 点吗？"本题只有一条规则，骰子可以随意翻转，但是只能计算最上面的点数。

乍一看，这似乎是一道横向思维的问题，但事实上，它暗中测试了你的图像逻辑思维能力。

提示：

那些线条需要交叉吗？

题目23 找出织物图案

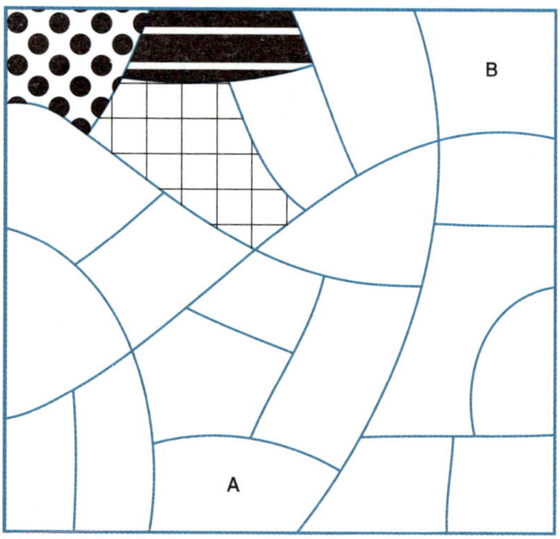

今天缝纫部的所有人将面临一个严峻的考验——经理给出了一道拼凑图像的题目："这个靠垫是由三种织物缝纫而成的，一种格子图案、一种条纹图案和一种波点图案。如果我们不希望任何两个相邻区域内的图案是一样的，那么区域 A 和 B 应该分别放什么图案？"

这道题与题目 12 类似，同样用来测试你的逻辑思维能力。注意细节，加强对图像的敏感度。

提示：

格子图案不应该出现在任何一个角落。

题目24 婚礼上的花朵

题目 23 中缝纫部经理很受员工们的欢迎，在她婚礼那天，员工给她制作了一张谜题卡片放在婚礼的接待台上。这是一道找不同的简单题目：你能够在两组花朵图案中找出 8 点不同吗？请将找到的不同点在右边的图案中标出来。

找不同类型题，特别是像这道有着繁杂细节的题目，可作为我们解决其他更棘手题目之前的一个很好热身。这类题目能测试和开发你的耐心和对细节的观察能力。

提示：

你找到消灭的花瓣了吗？

题目25 数字马赛克

				2			
3		6		3			
	3		3		8		4
	6				6		
				4			
2				5			
				5			4

题目 13 中的马赛克艺术家制作了第二个数字网格。这一次，你的目标是将网格划分为长方形或正方形区域，每个区域中含有的数字代表这个区域内小正方形的数量。比如，一个区域内含有数字 6，就是说这个区域应该包含 6 个小正方形。但是这一次，允许相同大小的两个区域相邻。

这道费罗米诺题目主要测试你的逻辑思维能力和在网格中判断相关图像的能力。

提示：

先从最大的数字思考。

BRAIN BUILDER PATTERNS

测试一答案

停！即使你被某道题目难住了，也不要太快翻到答案部分，先停下一段时间再回过头解决可能会让你灵机一动。当你看答案的时候，一定要确保自己能有所收获——仔细研究答案，学会解决问题的方法，之后再回到题目中一步步理清自己的解题思路和思维模式，一定要尝试理解为什么我们给出的答案是正确的。这部分我们不仅给出了题目 1~25 的答案，同时也就测试二的题目 26~50 给出了一些提示，你要尽量在解答接下来的问题之前充分吸收这些信息。我相信你的思维水平正在不断提高！

根据以下几点给自己打分：

1. 答案正确得 2 分。
2. 答案虽然不正确，但思路正确得 1 分。
3. 完全没有思路也没有得出答案得 0 分。

题目01 连接纽扣

解题时不妨从大的数字开始，向周围辐射。例如数字 5，可以从它身上辐射出 5 条连接线，但与数字 1 只能相连 1 条，所以这 5 条线已经确定。再看它下方的数字 4，只能与数字 2 和 5 各自辐射两条线，这样又确定两个数字，以此类推，这道题就被轻松破解了！完成的纽扣连接图如下所示，其中的双线表示纽扣中间有两条连接线。

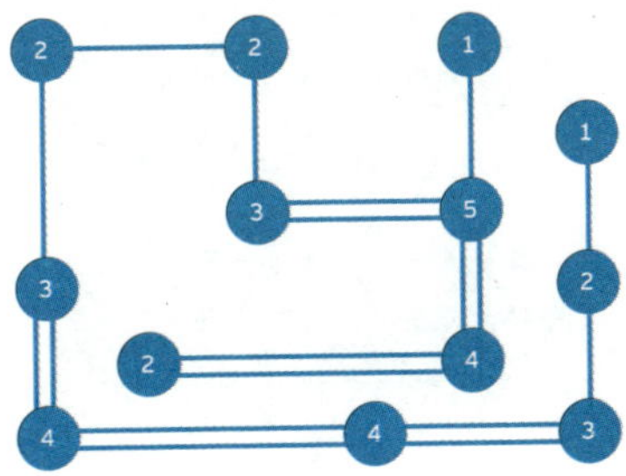

智力开发小贴士：如果要在同一种类型的题目上提高自己的表现，可以尝试在头脑中练习想象物体运动的轨迹。例如，想象一下，一颗棋子进行了以下一系列运动：对角线方向移动 5 格，水平方向移动 3 格，垂直方向移动 4 格，对角线方向移动 3 格，垂直方向移动两格，对角线方向移动 5 格，垂直方向移动 4 格，对角线方向移动 3 格。现在试着画出该棋子的移动路径。

得分：

题目02 六边形的杯垫

这道题你可以从一个图形入手，例如心形，它只有两个，且不能相邻，所以只能放在边缘位置。而第二个六边形中的圆形没有可以与之相邻的六边形，所以只能将它放到左侧。

完成的六边形杯垫网格，如下图所示。

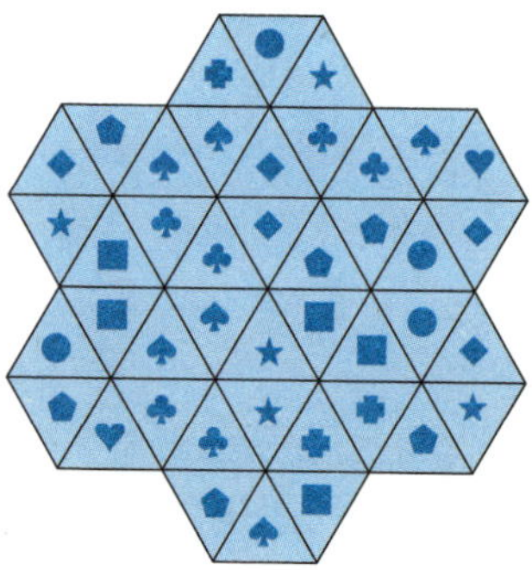

智力开发小贴士：这道题能开发你大脑处理图像所需要的视觉空间思维能力，你可以尝试着绘制不同的几何形状（如等边三角形、直角三角形、六边形、正方形，等等），让这些图形填充满一整个平面图形。你也可以玩玩电子游戏，有许多游戏可以帮助你开发这种能力。比如，“模块TM”(Jigblocks TM）就是一个很好的线上游戏：按照游戏给出的提示，将相应的图像拖动到网格中。

得分：

题目03 两种色调

你可以根据左数第一列与第二行中的数字判定，左数第一列的第一个数字为 5，第二个数字为 6，最后一个数字为 4。就是这么简单！关键在于找对行与列之间的交叉点。

填充后，正确的数字图像如下图所示。

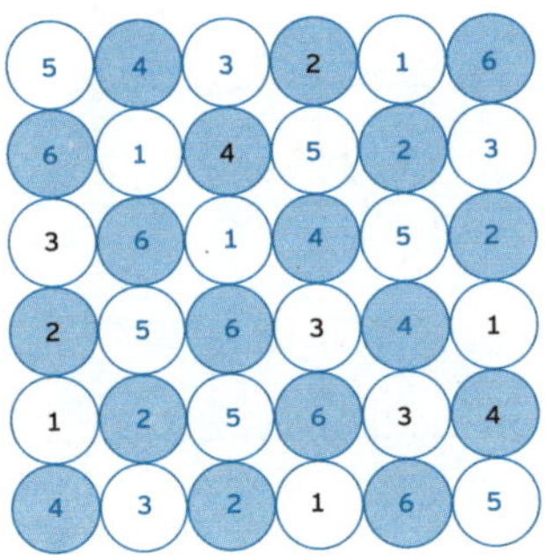

智力开发小贴士：你有没有玩过棋盘游戏“智多星”？在这个游戏中，你要将一套隐藏在洞中的 4 种颜色的钉子排成直线，并且根据你从对手那里获得的反馈来确认自己是将正确的颜色放在了正确的位置，还是仅仅选择了正确的颜色但放错了位置。这是一个很有趣的游戏，可以用来建立你解答简单题目的信心。当然，你还可以在网上寻找这种类型的游戏。

得分：

题目04 符号填图

完成的网格图像，如下所示。

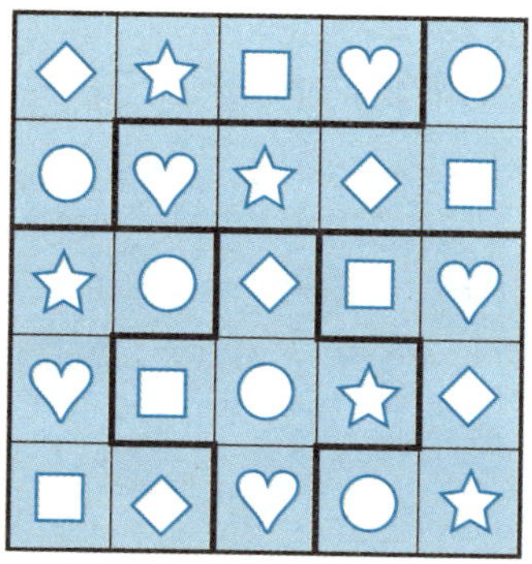

智力开发小贴士：你可以通过练习将数字填入类似的数独题目，来发展自己完成这道题和题目 3 所需要的技巧。你可以用一副纸牌自己设计这种类型的题目吗？试一下吧！

得分：

题目05 筛子

根据题目中给出的数字和图形，我们可以判定包含 4 个连续小方格的图形应该放在倒数第一行和倒数第二行，并且只能有一种排列形式；有 5 个小方格连续的图形应该横着放在倒数第 4 行，之后的图形可以根据此方法一一推理出。

完成的筛子图像，如下所示。

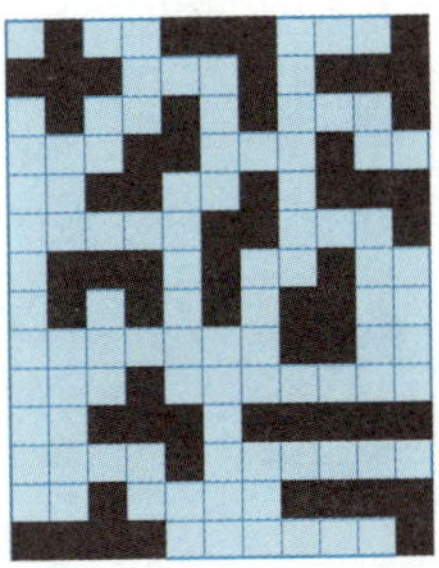

智力开发小贴士：尝试着利用可视化思维组合图像。你能想出 4 个几何形状，并将它们结合起来组成一个六边形吗？玩七巧板游戏也是个不错的选择，在网上有许多类似的题目。如果你更喜欢书，不妨买本詹姆斯·里昂（James Lyon）的《七巧板盒》（*The Tangrams Box*），它包含两组七巧板和 200 多道题目。

得分：

题目 06 时光倒流

我们从题中的提示可以得出网格左下角放入一个正方形。从左数第二列的最后一个正方形入手，因为第六行已经有正方形，所以只能在左数第二列中的前 5 格内安插正方形，但此正方形又需要在该列倒数第一个的位置，所以只能从第四格和第五格中选择位置。又根据第五行正方形的位置提示，正方形只能放在左数第二列第四行的位置。

如果你正确完成了网格，应该如下图所示。

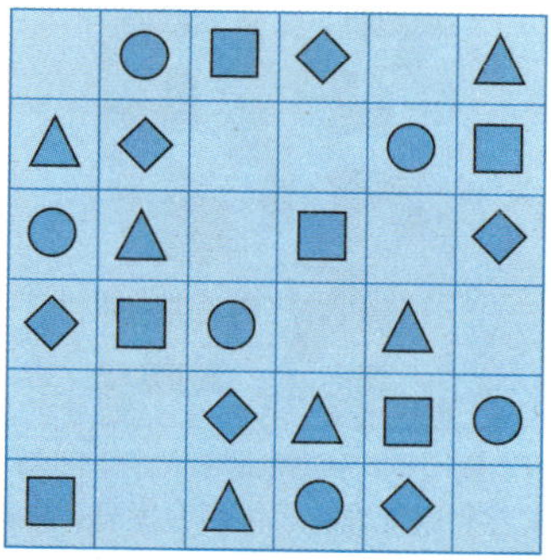

智力开发小贴士：观察图像能够开发你的视觉思维能力。比如，观察报纸、杂志，以及家具、衣服上的装饰图像。如果你在做测试二的题目之前解出这道题，相信你在解决题目 26 时会轻松一些。

得分：

题目07 桌上的巧克力

网格的每一行和每一列都应该含有 4 个深蓝色的方格，3 个浅蓝色的方格和 3 个深蓝色且放有圆形巧克力的方格。

网格空白处的元素，如下图所示 ：

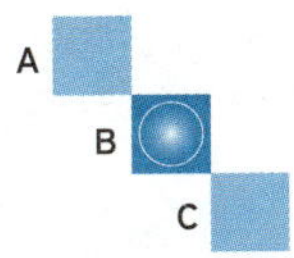

智力开发小贴士：跳棋类游戏会要求你在棋盘上按照一定步骤移动棋子（有时候是弹珠)，这会开发你根据一定的数学逻辑制作或者恢复拼图的能力。你知道吗？孔明棋纸牌在英国被简称为“接龙”，而美国人则把“接龙”纸牌游戏称为“耐心”。纸牌和跳棋游戏的历史可以追溯到法国太阳王路易十四(1643–1715 在位)时代。当然,生活在现代的我们可以在线玩跳棋游戏。

得分：

题目08 数字作图

根据题目提示，可以画出第二行的 11 个格子，然后再根据左数第五列、第六列、第七列中的数字和第九行的数字，可以画出这三列中的深色方格。

网格中隐藏着图像是一个问号，如下所示。

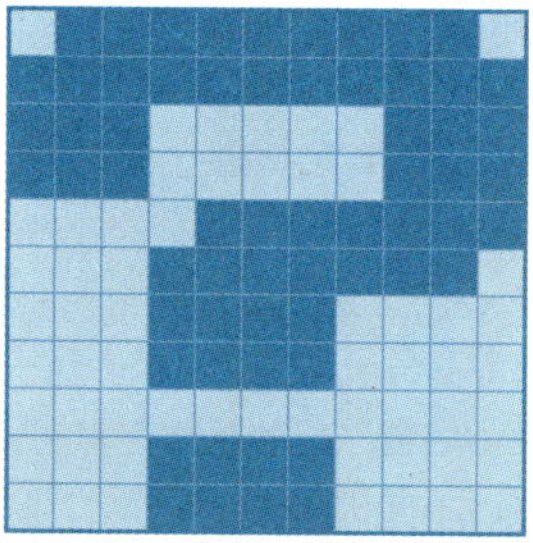

智力开发小贴士：试着创建你自己的数字组合题目。你可以用你姓名的缩写、年纪或者简单的几何图像进行编码。编码比解码更能增进你对这种类型题目的理解，并且这会对你解答测试二中同种类型的题目提供帮助。

得分：

题目09 染色玻璃窗

如下图所示，答案是D。在矩阵中，每一行和每一列都包含两个中间含有白色方格的正方形、一个中心是深蓝色的正方形、一个右上方是深蓝色的正方形、两个左下方是深蓝色的正方形和一个左下方是浅蓝色正方形。因此，缺少的图像中间应该是白色的方格，左下角的区域为浅蓝色。

智力开发小贴士：你可以在谜题书、杂志或者在网上玩找不同的游戏，进一步开发自己观察细节的能力。你也可以和朋友一起玩这种观察游戏，比赛找出图像中的几个不同点。你还可以选择一个景观进行观察，比如，从你的办公室向外望或者观察你家花园的景致。

得分：

题目10 圆点数独

完成的网格，如下所示。根据题目中的提示，你可以从网格右上角依次推导出其他数字……

5	1	2	7	8	4	9	6	3
3	7	6	9	1	5	8	4	2
4	8	9	2	6	3	1	5	7
8	6	5	1	3	7	2	9	4
1	9	3	4	2	8	5	7	6
2	4	7	5	9	6	3	1	8
7	2	8	6	5	9	4	3	1
6	5	1	3	4	2	7	8	9
9	3	4	8	7	1	6	2	5

智力开发小贴士：所有的数学和脑力游戏都能提升你在数独题和数字网格题目中的表现。为自己设计一道小题目：想一想你最喜欢的电影，查查它的制作成本和片长，计算出这个影片每一分钟和每一秒钟的花费。接下来，想一下你看这部电影花了多少钱，平均每一秒钟花了多少钱？你为你的电话或者网络付月费了吗，你每个小时的花费又是多少？

得分：

题目 11 波点网格题

完成的网格，如下图所示。

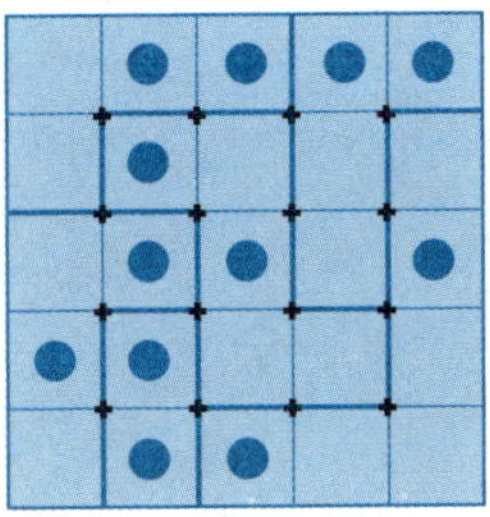

智力开发小贴士：有许多类似的游戏和题目，可以用来开发解决这道题和题目 12 所需要的图像逻辑思维。俄罗斯方块就是一个很好的选择，你需要操作由 4 块正方形组成的不同图形，尽可能地创建一个没有间隙的水平线。互联网上有许多免费的俄罗斯方块游戏。

得分：

题目12 光明岛的水果

已经完成的光明岛水果种植分布图，如下所示。

智力开发小贴士：想象一下，尽可能使用最少的颜色为一张简单的地图着色。数学家们研究的“四色定理”，指的就用不超过4种颜色为地图着色。比如，本题中的简单地图就只使用了3种颜色。你可以试着将这种方法应用在衣服或家具的设计中。

得分：

题目13 马赛克生日卡

已经完成的马赛克网格，如下图所示。按照题目要求，网格左上角是含有 9 块小正方形的区域，被 3 个单独的小正方形包围着。

9	9	9	1	5	5	1
9	9	1	6	5	5	2
9	1	6	6	1	5	2
9	6	6	6	3	3	3
9	9	1	5	5	5	1
8	2	2	8	8	5	5
8	8	8	8	8	2	2

智力开发小贴士：练习数字填图游戏，能很好地保持你对数字和数字组合的敏感性。如果你在解答题目的过程中遇到困难，可以试着先将你的注意力转移到其他题目上。这种方法往往很有用，因为它可以帮助你从新的角度来看待问题。

得分：

题目14 格子拼图

如下图所示，所有含有数字 9 的区域都是 3×3 的正方形。一旦你确定左上方含有数字 9 的区域是 3×3 的正方形，接下来就可以推导出它旁边含有数字 10 的区域应该是什么形状。

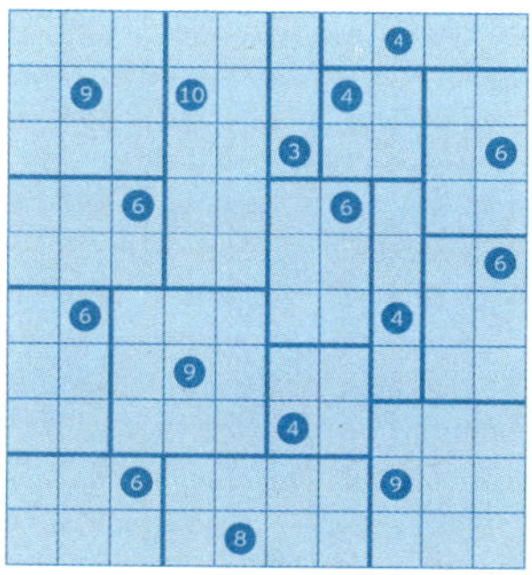

智力开发小提示：与其他类似的网格题目一样，互联网上也有许多需要运用逻辑思维，按要求在网格中找出相应图像的四角题目。有时候我们必须运用直觉找到解决方案，并随着一步一步的推理来验证这些步骤的正确性。毫无疑问，最好的方法就是边做边学。如果你在四角题目上已经有了自己的想法，就认真思考、深入分析这些解决方案，这对于你解决下一道类似的题型会很有帮助。你也可以在一些纸上画一些长方形和正方形，自己设计一道类似的题目。

得分：

题目15 五边形

每一个五边形中所有数字的总和是 30，同时，相邻的两个五边形中相邻的两个数字的乘积都是 16。

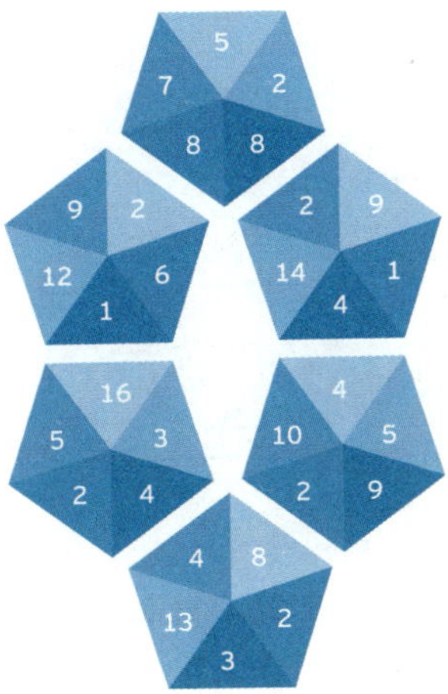

智力开发小贴士：不断玩数字游戏有助于提高你在数学运算方面的技巧和信心。如果你订阅了报纸，思考一下，一份报纸有多少页？每一页花了多少钱？如果你每天都会买一杯咖啡或者一条巧克力，计算一下你一个月的花费是多少？一年又会花费多少？

得分：

题目16 来杯啤酒

答案如下图所示，空白处应该填入图片 A、B、E 和 C。其中图片 A、B、E 逆时针旋转了 90 度，图像 C 旋转了 180 度。

智力开发小贴士：练习实物拼图游戏肯定会对你完成这种类型的题目有所帮助，你也可以组装那些可以反复拆除的木制或塑料的 3D 积木。

得分：

题目 17 地砖拼图

已经完成的地砖拼图，如下所示。

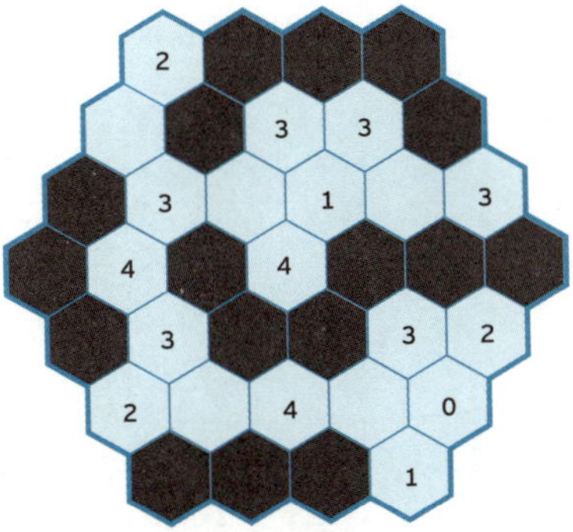

智力开发小贴士：要求重现拼图颜色或设计的游戏可以测试和扩展你的记忆容量。你可能还记得 20 世纪 80 年代非常流行的西蒙游戏 (Simon Game)，在游戏中你要听一些声音，同时用 4 个颜色的按钮重现声音顺序。这个游戏测试的是你的视觉和听觉的综合记忆力。如果你想要在线玩这种游戏，可以搜索“西蒙游戏”。另外，玩找词游戏也会开发你的细节观察力和图形识别能力。互联网上有许多类似的资源，有一些网站甚至还可以帮助你用你朋友的名字创建拼图生日卡片。

得分：

题目18 寻找树荫

根据题目中的提示，你可以找到第四行帐篷的位置（帐篷在图中用三角形表示），接下来，你再根据第三行的唯一一棵树思考……思考完毕，你会发现整个营地的帐篷和树木排列，如下图所示。

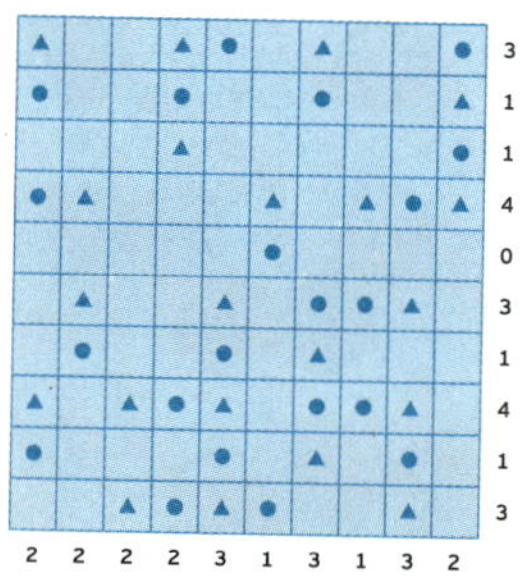

智力开发小贴士：你知道“专注”（concentration）游戏吗？这种游戏在中国被称为“佩尔曼式记忆训练法”。你的任务是记住纸牌的位置，然后将相同的纸牌翻开，将它们一起从网格中移除。也就是说，将纸牌正面朝下放在网格中，一次翻开两张纸牌，如果两张牌是一样的，那就将它们从网格中移除；如果不一样，那就再翻过去。这个游戏会发展你的图像敏感度、图像方位的观察力以及短时记忆力。

得分：

题目19 白底黑块

已经完成的瓷砖布局，如下图所示。

智力开发小贴士：这道题的灵感来源于扫雷游戏，互联网和智能手机上有许多类似的游戏，它能提高你运用图像化逻辑思维解决问题的能力。

得分：

题目 20 扭曲的因数 9

完整的填数图像，如下所示。最底端和最顶端的小三角形中都填入数字 9。

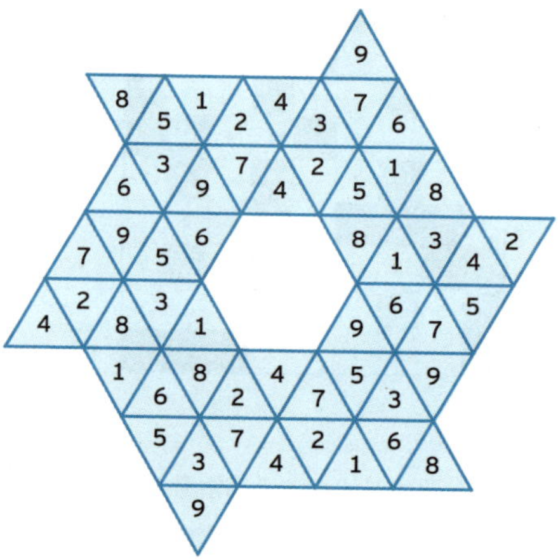

智力开发小贴士：在网格中找出重复的数字是一种很好的练习，可以帮助你提升解决数独题和类似的数字网格题目的表现。

得分：

题目21 D 字路径

正确的 D 字连接路径，如下图所示。

智力开发小贴士：这道题能锻炼你在三维空间中使用图像化思维的能力。试着想象一下这个场景：在办公室中，你需要拐了个直角的弯，走过一条长长的走廊，走下两层楼梯，之后在走廊的尽头转一道 U 型弯，然后沿着楼道再上一层楼……

得分：

题目22 骰子加法题

骰子的放置方案，如下图所示。每个骰子朝上的一面应该显示 6 点，因此 $4 \times 6 = 24$。

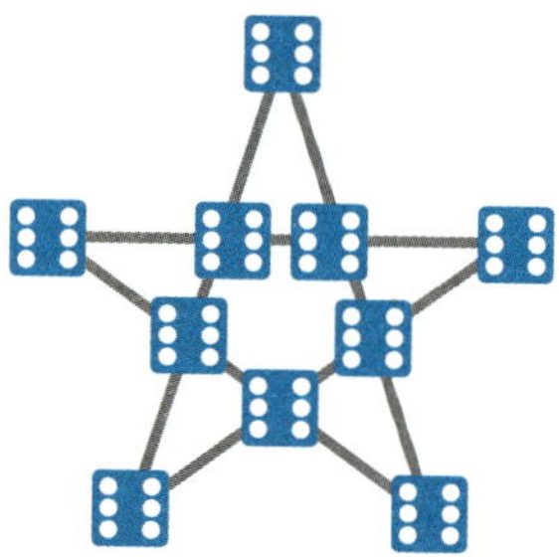

智力开发小贴士：思考一下这道骰子问题：你怎样在 4 条线中安排 9 个骰子，并让每一条线总计显示 15 点？这种类型的题目需要你拥有视觉想象力，你可以通过频繁地练习提升这种能力，例如，重新组商品包装盒、手机等。如果你喜欢玩单人的纸牌游戏，它也可以提高你对数字和空间的感知力，你可以在网上或智能手机上玩这种类型的游戏。

得分：

题目 23 找出织物图案

答案如下图所示，区域 A 是格子图案，区域 B 是条纹图案。

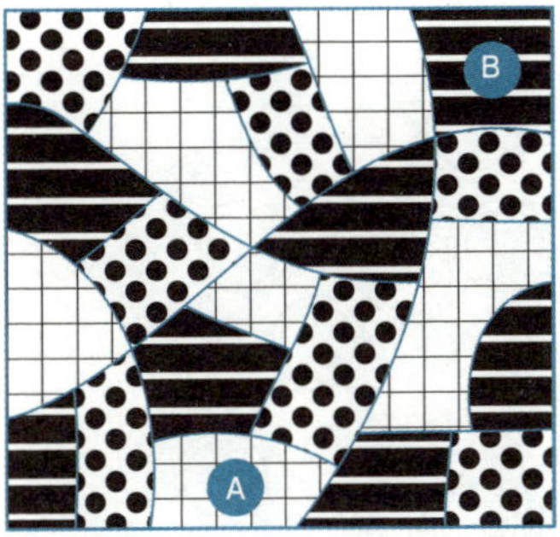

智力开发小贴士：正如序言中提到的那样，伊斯兰文化的艺术，多数是由丰富而又有趣的图案组成。在伊斯兰文化的花瓶或建筑中，我们可以看到马赛克和几何艺术图像，那些深刻而美好的设计往往是将重复的小图案填满艺术品表面。对这些图像进行研究，一定能开发你的视觉想象力。

得分：

题目24 婚礼上的花朵

花朵图案中的 8 点不同，已经在下图中用圆圈标出。

智力开发小贴士：如果你想要在这道题中表现出色，就必须尽可能地保持清醒。你也可以在 CD 盒、网站、体育节目或者戏剧节目单上寻找设计元素，然后想一想自己是否喜欢它们，如果喜欢，为什么？如果不喜欢，你又会如何改善它们。有时候只做了一些细微的变化，却可以使整个设计前后呈现出巨大的反差。多观察和思考你看到的东西，对于你解决这种类型的题目颇有助益。

得分：

题目25 数字马赛克

完成的数字马赛克网格，如下图所示。含有数字 3 的区域，一个水平摆放，另外 3 个垂直摆放，全部位于网格的上半部分。

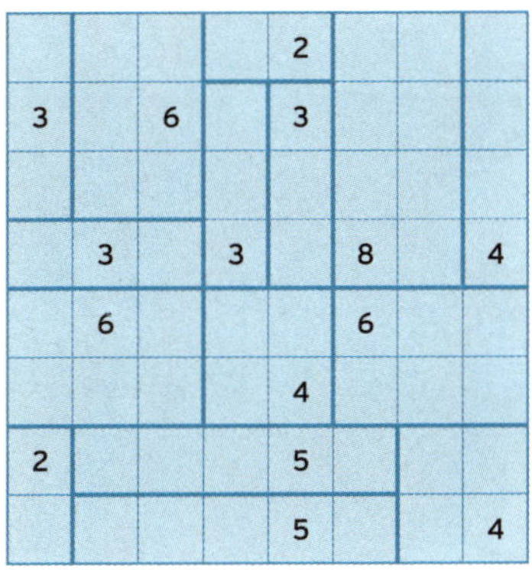

智力开发小贴士：想要提升你在本书中的表现，最好的方式就是不断地练习。你可以在线搜索任何你想要练习的题目，比如费罗米诺题。此外，我之前说过，务必让自己保持对图像和关联的敏感性，通过不断地练习，提高对数字模式的认识。找一些马赛克和有趣的拼贴设计，然后考虑将各种图形元素组合起来，你也可以查看一下地图集，考虑如何用最少的颜色为地图着色等。

得分：

还记得我之前的建议吗？一旦你完成了测试一，先休息一下，整理自己的思路，准备迎接接下来的测试二……

BRAIN
BUILDER
PATTERNS

测试二

你做好迎接测试二的准备了吗？在这一部分，我们将提供给你检验自己的机会，看看你是否从测试一的题目、智力开发小贴士和答案中得到了帮助。我们依然在这一部分给出了 25 道不同难度的题目——10 道比较容易的题目、10 道中等难度的题目和 5 道难度较高的题目。祝你好运，请继续享受解题的美妙过程吧！

题目26 还原图像

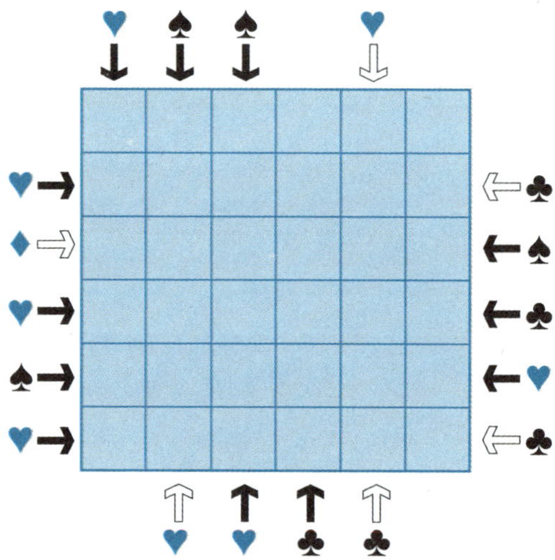

题目 6 中提到过的物理系学生由于不希望自己花太长的时间玩牌，所以设计了第二道时间旅行的网格题目。在这一道题目中，最初的网格每一行和每一列都包含一个心形、一个黑桃、一个梅花、一个菱形图形以及两个空白的正方形，顺序随机排列。你能将网格还原成最初的样子吗？具体规则如下：

- 带有黑色箭头的图形表示，在箭头方向上，4 个图形中出现的第一个图形为其对应图形。
- 带有白色箭头的图形表示，在箭头方向上，4 个图形中出现的第二个图形为其对应图形。

完成图形网格题目需要与完成数字网格题目相同的逻辑推理技巧。

提示：

从左数第一列和第二行的心形着手推理比较容易。

题目27 光明水果有限公司

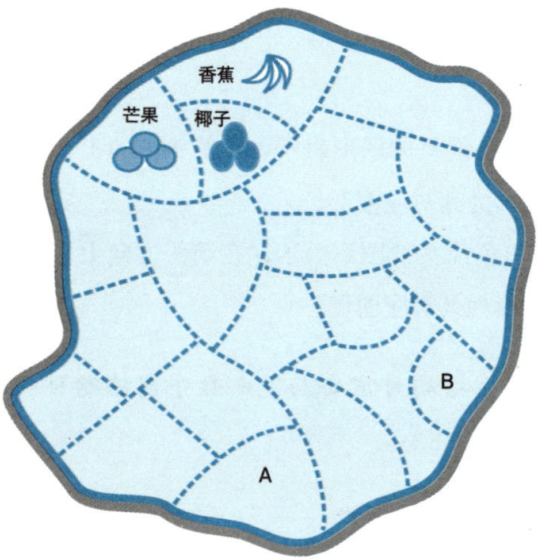

题目 12 中的果农准备扩建农场，所以又买了一块临近的岛屿。这一次，他们打算在新买的岛屿上种植 3 种植物：芒果、椰子和香蕉，同样地，他们不想让相邻的两个区域种植相同品种的作物。那么，区域 A 和 B 内应该种植什么作物呢?

解答这道题需要你更加耐心以及更细致地观察。你可以给自己设置一定的答题时间，比如在一分钟之内完成这道题。

提示：

岛上种植香蕉的区域比种植椰子和芒果的区域多一块。

题目28 缝纫纽扣

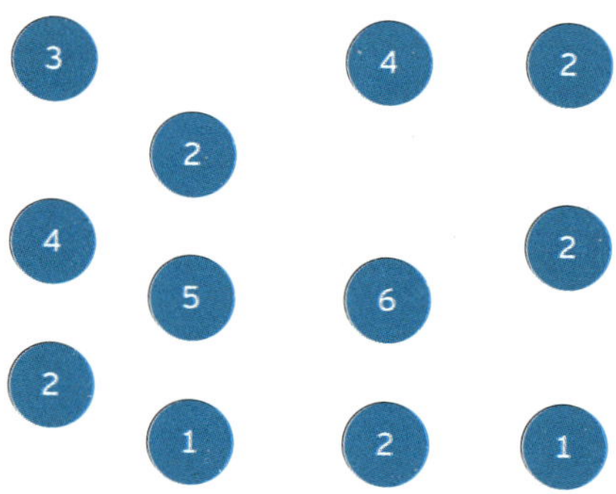

这是题目中的数学老师创作的另外一道与纽扣相关的拼图题目。和前面一样，把图中含有数字的圆圈想象成一题一题的纽扣，圆圈中含有的数字指的是连结到纽扣的线条数量，我们的目标是用一系列的线条将这些纽扣连接到一起。具体规则如下：

- 这些连接线之间不可以相互交叉，也不可以在纽扣的上面或底部交叉，且任意两颗纽扣之间不能超过两条线。
- 这些连接线只能水平或垂直方向缝纫，所有的纽扣连接到一起以后会出现一个完整的图案。

这道题能很好地测试你的专注力，如果你能从大的数字开始思考，比如从含有数字 6 的纽扣着手，这道题就很容易解开了。

提示：

图中左侧的连接更容易建立。

题目29 再来一次

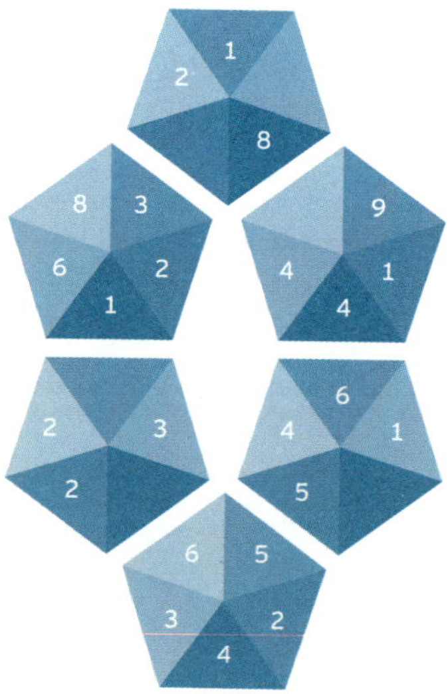

现在，尝试另外一道由题目 15 中的小说家设计的数字图像题目。与之前的题目要求一样，你的任务是推导出这些五边形中数字之间的关系并填充空白处，完成数字图形。

这道题能锻炼你观察数字之间关系的能力，这是一项在许多工作和日常生活中都会使用到的技能。

提示：

你可以试着算一下数字的总和。

题目30 圆点数独 II

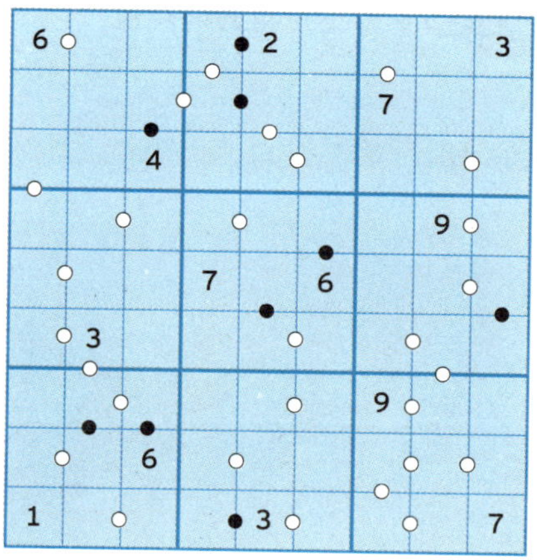

和题目 10 一样，这又是一道受到钩针启发发明的点数独题目。和标准的数独题目一样（在每一行、每一列和每个由 9 个小正方形组成的区域中都含有数字 1~9），图中预先给出了一些点和数字作为解题的线索，你能完成整个网格吗？题目的规则和之前一样：

- 白色圆点表示相邻的两个数字之间相差 1。
- 黑色圆点表示相邻的两个数字之间相差 1 倍（1 和 2 中间的圆点可以是黑色，也可以是白色）。

回想一下题目 10 的解题过程，你是否已经开发出了一套有用的解题方法？可能你已经按照题目 10 中智力小贴士给出的建议进行了练习。请记住，用学习到的新鲜视角来考虑这道题。

提示：

从网格中间的正方形入手，6 的一半是 3。

题目31 六角战舰

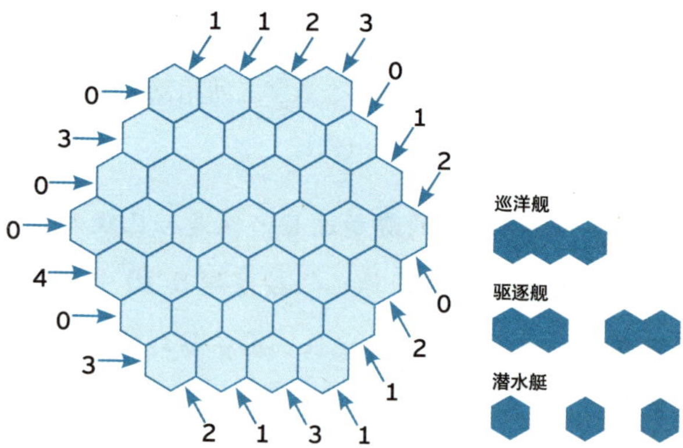

一位喜欢战舰游戏的养蜂人发明这道蜂窝题。如图，网格的旁边有 6 艘战舰：一艘巡洋舰（意指一个含有 3 个六边形的图形），两艘驱逐舰（意指含有两个六边形的图形）和 3 艘潜水艇（意指 3 个单独的六边形）。你能根据以下规则，将这 6 艘战舰放入网格中吗？

- 带有箭头的数字，代表箭头方向上深色六边形的数量。
- 一艘战舰可能出现在任意方向上，但不可以与另一艘战舰相连。

这是一道很好的智力开发题目，因为它能有效测试你的逻辑思维能力。解答这道题还需要你拥有敏锐的图像感知力。在你确定是空白的六边形中画上一个小十字，这可能会对你解题有帮助。

提示：

网格中是否有一个方向上没有战舰？

题目32 两种色调 II

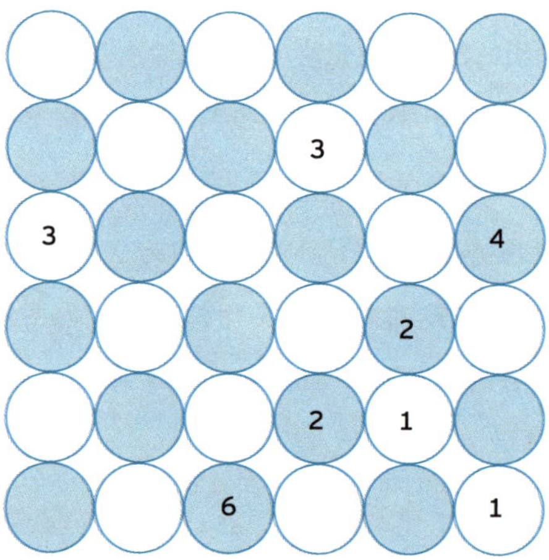

在一场重要演唱会的后台，题目 3 中的天空乐队的成员将这道数字拼图题贴在了墙上，这样他们就可以一起完成题目。你能帮助他们吗？和之前的要求一样，在圆圈内填入数字，并且使每一行和每一列都含有数字 1~6。白色的圆圈内含有奇数 1、3 和 5，深色的圆圈内含有偶数 2、4 和 6。图中已经预先给出了一些数字。

这道题目涉及两个最基本的数字类别——奇数和偶数，因此解答起来并不简单。这是一道是含有图像元素的数字网格题，但比传统题目更加有趣、复杂。

提示：

可以从第四行的数字 2 着手分析。

题目33 数字网格区块

1		3		3				0
	3	6		5	5		4	1
2							3	
	3		3	4	5		3	1
2	2	0	2					1
		1	3		6		5	
3		2				2		
			4	3	3	3		3
2		3			2			1

这是题目 5 中的迷宫设计师以他那版网格题目为基础，创作的数字版本网格题。网格中的数字指的是与数字所在的正方形相邻的（包含水平方向、垂直方向和对角线方向）黑色正方形的数量。你的任务是涂黑正方形，直到所有正方形中的数字与与其相邻的深色正方形的数量相符（数字所在的正方形不涂黑）。

这道题目用来测试你的学习成果，因为前面你已经做过这样一道涂黑正方形，从而显示出地板砖图形的题目。

提示：

试着从右数第四列的数字 6 和其附近的两个数字 5 开始。

题目34 数字区域

1		9		1		6
			1			6
4			2	1	6	9
4	1	9	2	9	9	9
4	6		1	9	2	2
4					1	
		1	9	9		3

和题目 13 与题目 25 类似，这是本书中第三道数字马赛克题目，看看你的思维水平是否通过练习获得了提升。与题目 13 一样，具体要求如下：

- 将网格划分成任意形状的区域，每块区域内的所有数字都相同，且包含的小正方形的数量与其对应数字一致。例如，一个区域内的所有小正方形都包含数字 9，这个区域就应由 9 个小正方形组成。
- 单独区域中的数字可能会重复，但没有任何一个区域在水平方向和垂直方向上，与另外一个同样大小的区域相邻。

这是另外一道可以测试你的数字逻辑思维和数字填图能力的题目。

提示：

从含有数字 9 的区域推算可能是个好的开始。

题目35 拼图啤酒

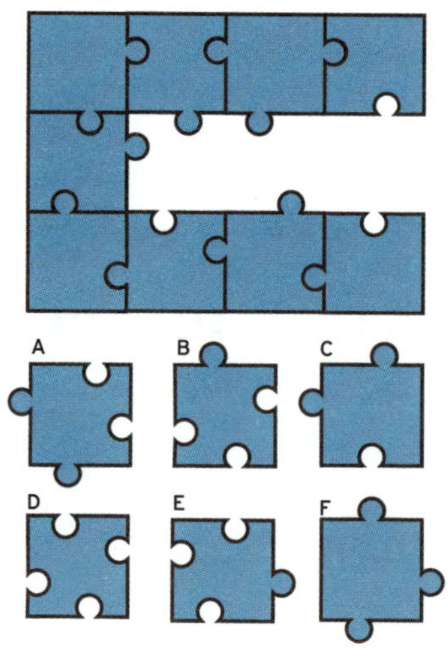

题目 16 中的小型啤酒厂商被邀请带着他的拼图啤酒参加一个德国大型啤酒节，他们为了吸引客户，创作了这道推广题目。与前面一样，你的任务是从 A~F 中选择 3 张正确的图片完成拼图。你能做到吗？请记住，图片可以旋转，但不可翻转。

解决这种类型的题目需要你拥有一定的图像定位能力。在你的头脑中将图片进行旋转，并保持你对图像的敏锐度。

提示：

拼图边缘的图片应该很好确定。

题目36 波点网格题 II

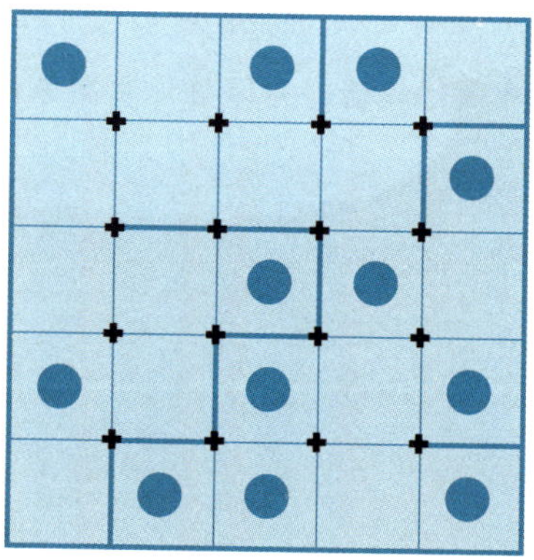

题目 11 中的女设计师创作了第二道波点网格题目，这一次是为了给数学家的婚礼接待处设计一种特殊的桌布。和之前一样，图中给出了部分分割线，你需要按照下面的规则将网格划分出区域。

- 每一个区域只能包含两个圆圈。
- 网格中的每一个“+”至少和两条分割线相连。
- 区域的大小必须与这些数字匹配：2、4、4、4、5、6，即有一个区域必须是两个正方形大小，有 3 个区域必须是 4 个正方形大小，依此类推。

本质上，这道题是和拼图题目类似的填充题，测试的是你的图像化思维技巧，但本题同时需要你运用逻辑思维推测出分割线这一元素。

提示：

试着从网格中间水平相邻的两个圆点开始。

题目37 啤酒拼图

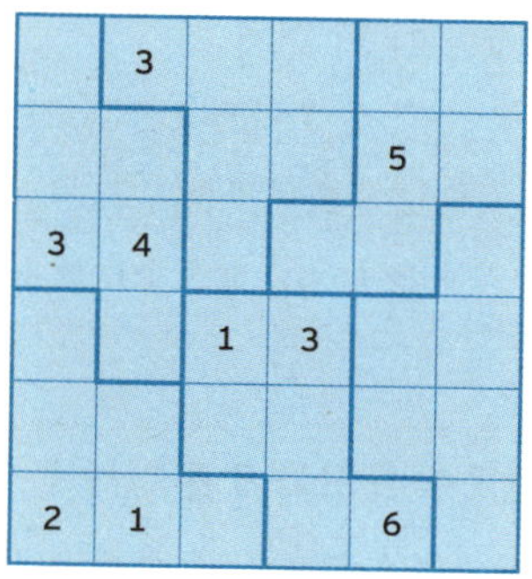

题目 16 和题目 35 中的小型啤酒厂商设计了另外一道有创意的智力拼图题目，来推广他的“拼图发酵啤酒”，这一次是为了在东京的啤酒节上对新产品进行推广。这也是一道特殊的数独题目，你的任务是将数字 1~6 放进网格的每一行、每一列和每个由 6 块小正方形组成的区域。网格中已经预先给出了一些数字。

这是一道很好玩的题目，相信你一定可以想出满意的解决方案。这种类型的数独题目可以为你的头脑做“热身”，不妨在你开始工作、写文章或者写报告之前，花 5 分钟完成这种数字图像题。

提示：

网格从左下方的数字 1 是较好的解题入手点。

题目38 价格公道

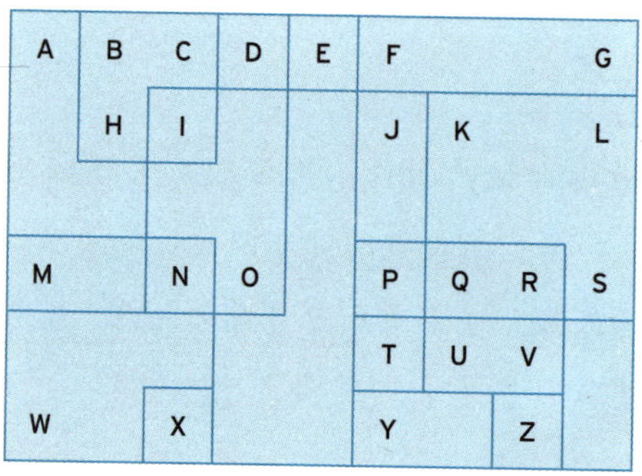

一位在咖啡馆做兼职的数学家为了推广价格公道的午餐，设计了这道题目。左图中包含了一系列不同大小的正方形。你能计算出这些正方形的数量吗？图中的字母可以帮助你定位这些正方形，例如，字母 FGSP 和字母 PRZY 分别代表两个正方形。

解答这道题目需要你对整张图片进行分区，重点开发了你观察图像的视觉思维能力。

提示：

一些单独的字母就代表了一个正方形。

题目39 丢失的连结

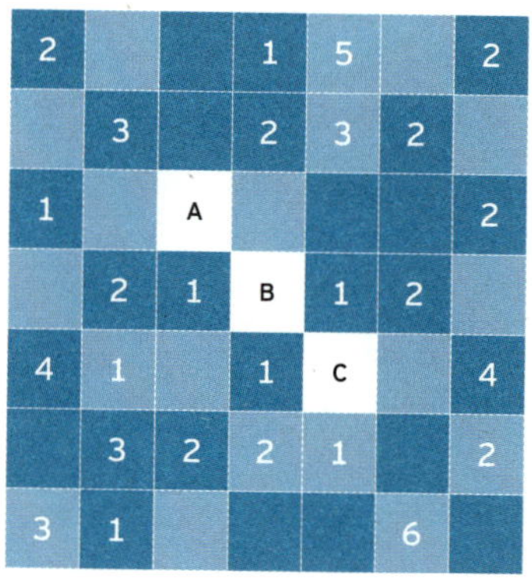

题目 7 中的母亲给她的孩子设计了另外一道题，但是这一次她不仅想提高孩子们的数字能力，还想提高孩子们的图形识别能力。和之前一样，你需要说出空白正方形 A、B 和 C 中的颜色与数字。

如果你回头看一下题目 7，一定可以获得一些解答这道图形题目的想法。

提示：

图中的深色区域是解题的关键。

题目40 周六晚上的难题

							2
		8		8		3	3
		4					
2		6			3		
			12				4
9							

题目 14 中的室内设计师采用了上一道题的创意，来为一位演员客户设计照明舞池。网格中的一些正方形内已含有了数字，你的任务是将这些网格根据其中的数字划分成正方形和长方形区域，每个区域内包含一个数字，且这个数字与区域内的小正方形数量一致。在舞池设计完成之后，这些区域会被分开，且每一块区域都可以单独照明。

相信对于你目前的图像推理能力来说，解决这道题会比较轻松。你在多长时间内能完成风格区域的划分？

提示：

试着先从数字 9 开始思考。

题目41 D字路径 II

		3	2	2				1	
1		2	1	1		2	0	1	
1		2		2	1	1	1	0	
	2			2	3	2			
3	2	3	2	0	1		2		2
1		1	2	2			2	1	3
2		0				1	0		3
2		2	3			0	1	3	1
		2				2	0	2	
3		1	3	2		2	2	1	

题目 21 中的会议组织者再次使用 D 字路径的题目来推广酒店美味的下午茶。和之前一样，题目要求你在网格中的字母 D 上画出一条封闭的路径。具体规则如下：

- 路径线条不允许交叉。
- 图中每一个数字指的是通过其四周字母 D 的线条总数。

这道题虽然和迷宫题目有些类似，但创建路径增加了一些需要使用逻辑思维推导的元素。

提示：

找到网格中的数字 3，路径会在它们周围进行 U 形转弯。

题目42 数字波浪

	4 1	6 1	3 3 2	2 2 2	2 1 2 2	2 4 2	2 2 3	3 4	11	10	8
7											
9											
3 3											
2 2 3											
2 2 3											
3 2 3											
5 3											
3 4											
5											
9											
11											

题目 8 中的数学教授在她的办公桌上发现了另外一道数字题目，传说这是幽灵留下的一道数字波浪题，你能帮助她找出网格中隐藏的图案吗？和之前一样，网格左侧和上方的数字指的是其对应的每一行、每一列中应该涂黑的正方形数量。例如，水平方向的“2 2”指的是这一列中有 4 个需要涂黑的正方形，两两相邻为一组，并且它们中间被至少一块空白的正方形分开。按照题目要求找到所有需要涂黑的正方形，图案自动会显示在网格中。

作为题目 8 一样的数字组合题，本题要求你具有观察细节的能力和图像化思维能力，并在取舍方面有清晰的思路。

提示：

从底部的数字 11 开始思考，这会对你推算数字 10（右数第二列）的图像提供帮助。

题目43 蜂窝网格

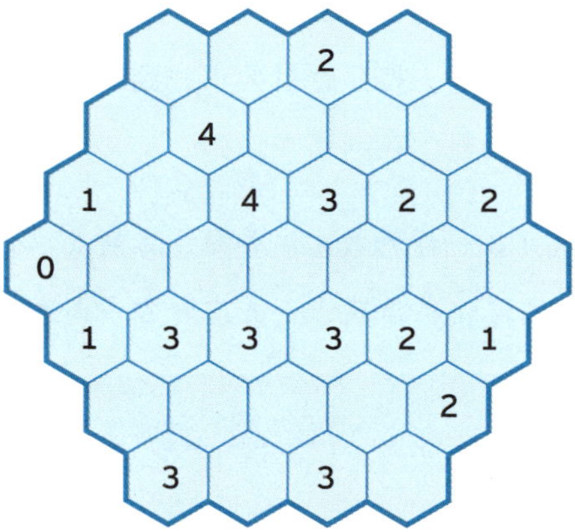

题目 31 中的养蜂人创作了一道蜂窝状网格图像题来补充他的战舰题。具体规则如下：

- 网格中的每个数字指，与其所在六边形相接且需要涂黑的小六边形的数目。
- 不要将任何一个带有数字的六边形涂黑。

解答这道题除了良好的图像逻辑之外，你还需要毅力和耐心。

提示：

可以先涂黑右下角与数字 2 相邻的两个六边形。

题目44 筛子 II

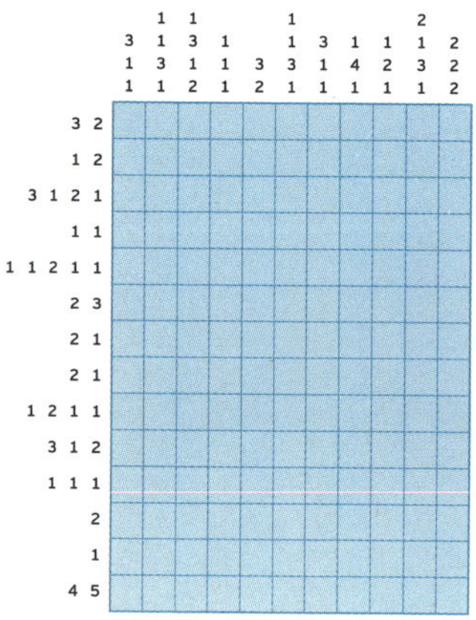
3 1 1
1 1 3 1
1 3 1 2
1 1 1
3 2
1 1 3 1
3 1 1
1 4 1
1 2 1
2 1 3 1
2 2 2
3 2
1 2
3 1 2 1
1 1
1 1 2 1 1
2 3
2 1
2 1
1 2 1 1
3 1 2
1 1 1
2
1
4 5

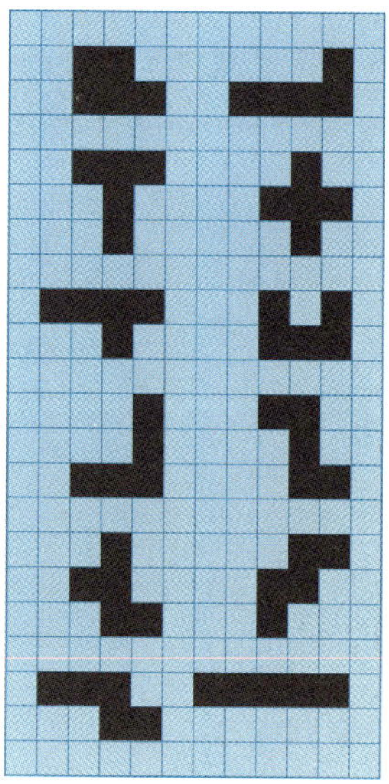

题目 5 中的迷宫设计师需要为贸易杂志《奇闻》创作一系列的网格题目。与题目 5 一样，你的任务是将图中右侧的 12 个图形放入左侧网格中的合适位置。具体规则如下：

- 图形可以被任意旋转，但是不允许任何两个图形相连，即便是对角线方向也不可以。
- 网格外的数字代表的是其对应每一行和每一列中连续的灰色小方格的数目。例如，“3 2”指的是以 0 个以上（包括 0）的空白方格开始，后面接着是 3 个灰色方格，它后面是 1 个或者 1 个以上的空白方格，然后接的是 2 个灰色方格，再后面可以是任意数目的空白方格。

这道题目有助于开发和保持你的短时记忆力以及思维的清晰度。完成本题目后，你可以将自己在此题中的表现与题目 5、题目 17、题目 19 和题目 34 作个比较。

提示：

从最后一行涂起。

题目 45 图像分布

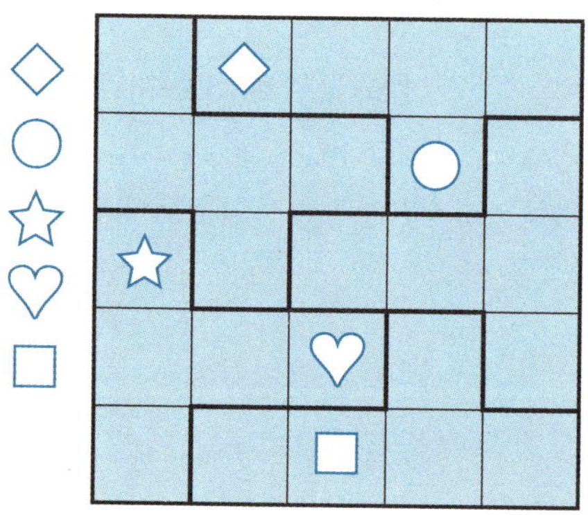

题目 4 中的项目经理这次在电脑开发了一个新版应用软件。和题目 4 一样，你需要将不同的符号填入网格，使网格的每一行、每一列以及由黑线划分出的区域内都包含网格左侧这 5 个符号。网格中已经给出了一些符号。

解答类似的位置逻辑题，有些人喜欢通过直觉先将一个或多个符号放入网格，之后再来验证这些符号放置的位置是否正确。

提示：

将第三列作为着手点解题。

题目46 明星烹调

左图是为最新的“明星厨师”节目设计的宣传图，但是有一部分缺失了。你能够根据已知的网格图像推理出图像缺失的中间部分吗?

图中每一行和每一列都隐藏着图像逻辑，先进行一番“搜索”吧。

提示：

看图计数。

题目47 空间猎手

一名天体物理学的新生为了推广空间猎手游戏，设计了这张海报。这是一道由各种图形组合而成的图像题目：你能找出这两张图片中的 8 点不同之处吗？第二张图是第一张的反射图吗？请将你找到的不同点在右面的图中标出。

先确定一下第二张图是否是第一张图的反射图，这对于找出图像与原图的不同是很好的切入点。

提示：

找出重叠部分的变化。

题目48 春天的星星

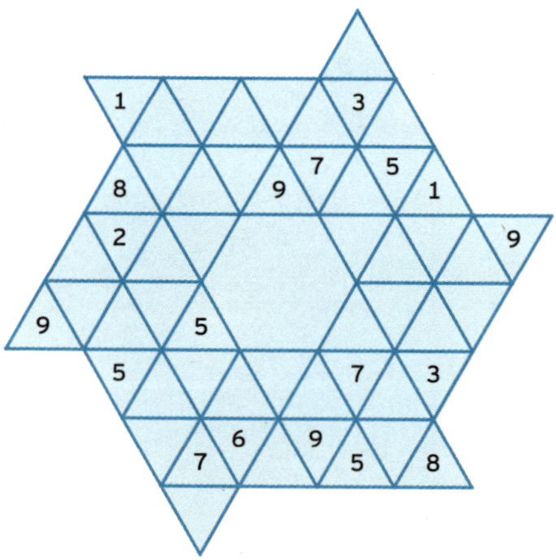

题目 20 创作者将他的设计推荐给了年代秀游戏——“春天的星星”——的节目制作人。和题目 20 一样，星星图中包含 6 个大三角形，每一个大三角形又包含 9 个小三角形。

题目要求玩家把数字 1~9 填入小三角形内，数字不可以重复出现在水平方向以及三角形边边相邻的同一方向上（包括被中间空白六边形截断的方向）。

与题目 20 相比，这道题你完成得怎么样？图中预先给出的数字增加了题目的难度，但另一方面，你应该为自己能够解决如此具有挑战性的题目而高兴。

提示：

倒数第二行应该是个好的突破点。

题目49 寒冷的地方

题目 22 中的罗马士兵回到哈得良长城的寒冷训练营，一名士兵给另外一名士兵出了这道骰子题：要使这 4 个骰子最上面的点数为 4，你至少需要拿起几次骰子（拿起一次指拿起一个骰子并把它旋转成你想要的样子后再放下）？

在这道题中，你不需要使用什么技巧或者横向思维的能力，它只是对你怎样安排图中元素进行一个简单的测试。

提示：

哪两面的点数相加是 4？

题目50 同步思维

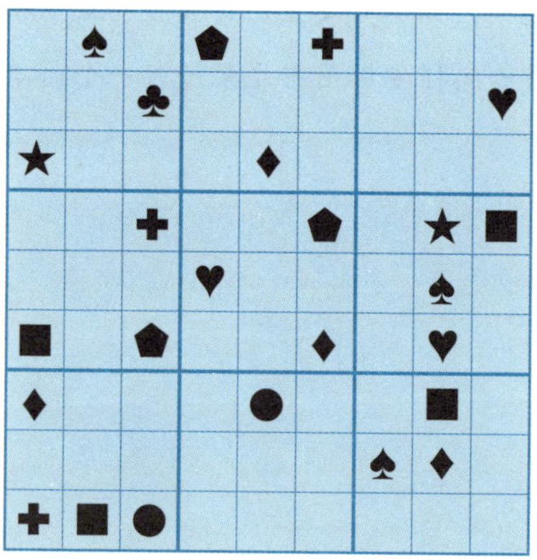

在溜冰场上，溜冰运动员需要保持清醒的头脑才不会出现失误，教练认为完成思维题目能够帮助运动员们达成此目的。他出了多种数独游戏题帮运动员进行头脑“热身”，其中有这样一道符号题：它和标准的数独题目（即将数字 1~9 分别填入网格的每一行、每一列和包含 9 个小正方形的区域中）一样，只是用符号代替了数字。你能完成这个网格吗?

这道有趣且具有挑战性的数独题目，要求解题者平时勤奋地进行逻辑思维锻炼。同时，这道题还会开发你观察细节的能力和图像感知能力。

提示：

从包含 4 种符号的正方形区域入手可能会有帮助。

BRAIN

BUILDER

PATTERNS

测试二答案

像之前一样，当你被一道题难住、急于翻看答案时，不妨休息一下，再次尝试解答题目后再查看答案。我建议你可以翻看前面类似题目的智力开发小贴士，参考前面的解决方案。不要忘记给自己打分，并比较一下自己在测试二和测试一中的表现，看看你的思维能力是否得到了提高。

根据以下几点给自己打分：

1. 答案正确得 2 分。
2. 答案虽然不正确，但思路正确得 1 分。
3. 完全没有思路也没有得出答案得 0 分。

题目26 还原图像

答案如图所示。

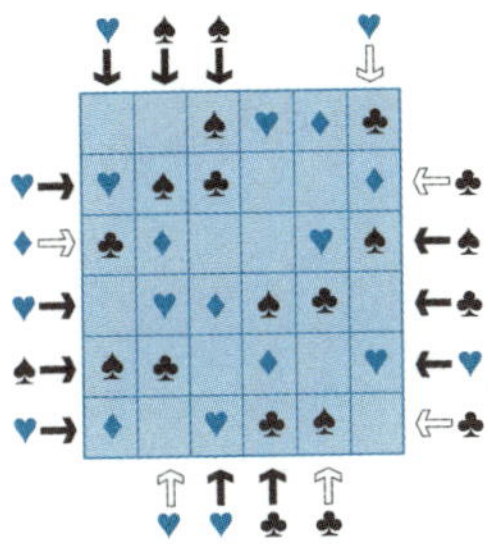

得分：

题目27 光明水果有限公司

光明水果有限公司的果树种植分布图，如右所示。你应该在区域A种植芒果，在区域B种植香蕉。

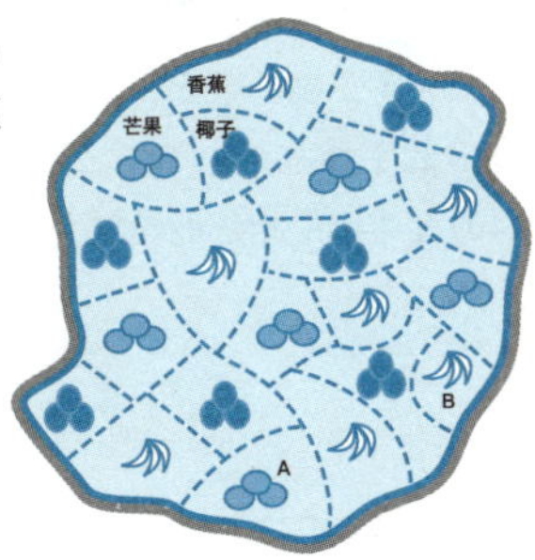

得分：

题目28 缝纫纽扣

答案如图所示。图中的双线代表纽扣之间有两条连线。

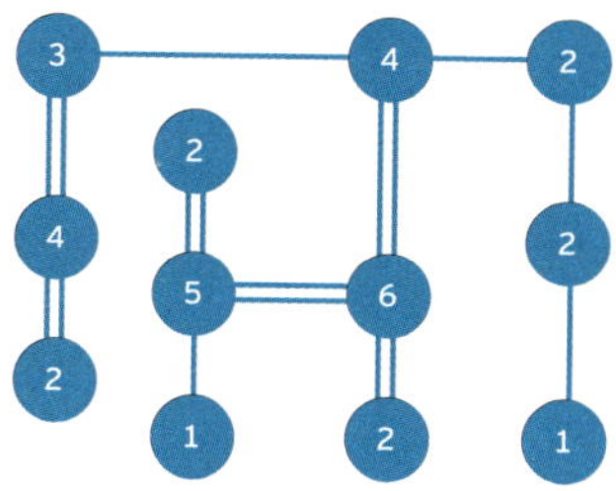

得分：

题目29 再来一次

答案如右图所示。如果你在空白处填充了正确的数字，那么每个五边形中数字相加的总和是20，同时相邻的五边形中相邻的数字之和是10。

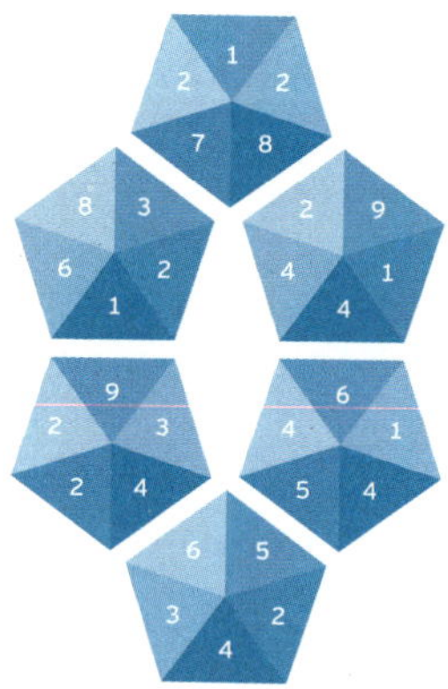

得分：

题目30 圆点数独 II

答案如图所示。

6	7	9	4	2	5	8	1	3
8	5	2	3	6	1	7	4	9
3	1	4	9	7	8	2	6	5
4	6	7	2	1	3	5	9	8
2	3	1	7	4	6	1	3	2
9	8	5	5	8	9	6	7	4
7	2	3	1	5	4	9	8	6
5	4	6	8	9	7	3	2	1
1	9	8	6	3	2	4	5	7

得分：

题目31 六角战舰

按照题目要求，战舰位置如图所示。

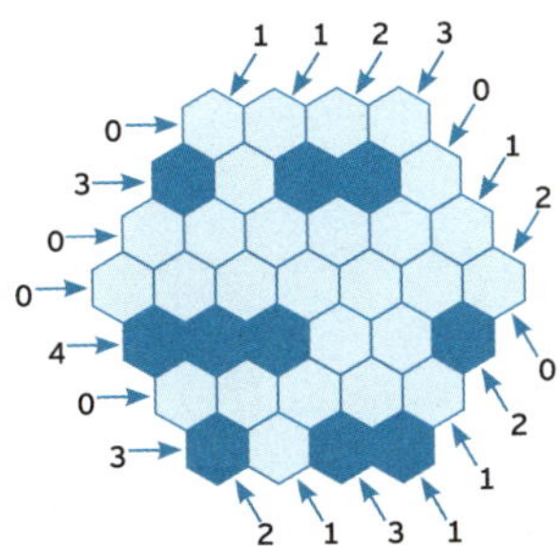

得分：

题目32 两种色调 II

答案如图所示。

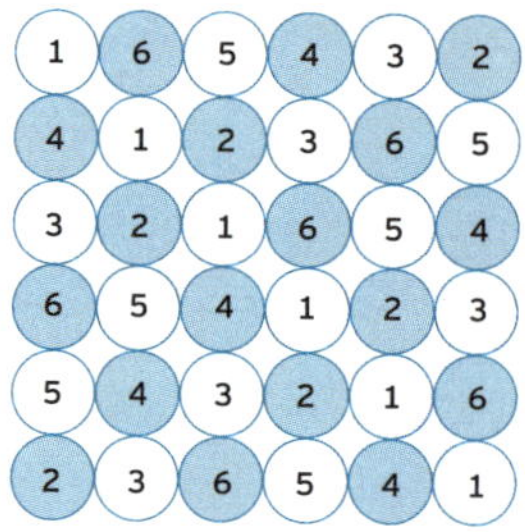

得分：

题目33 数字网格区块

答案如图所示。

得分：

题目34 数字区域

答案如图所示。

1	9	9	9	1	6	6
9	9	9	1	6	6	6
4	9	9	2	1	6	9
4	1	9	2	9	9	9
4	6	6	1	9	2	2
4	6	6	9	9	1	3
6	6	1	9	9	3	3

得分：

题目35 拼图啤酒

完成的拼图如图所示，空白的区域应该填入的是图片 A、D 和 F。

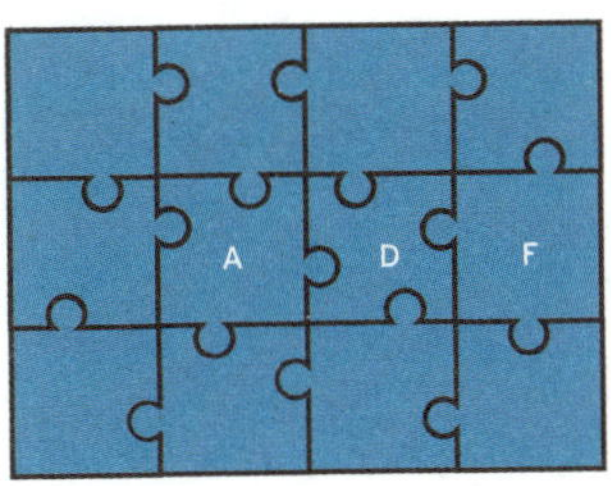

得分：

题目36 波点网格题 II

答案如图所示。

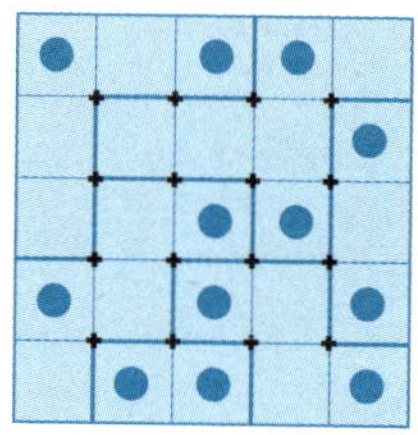

得分：

题目37 啤酒拼图

答案如图所示。在练习过程中，可以试着用铅笔将适合的数字填入你认为正确的区域，如果发现错误就用橡皮将它们擦掉。

6	3	5	1	4	2
1	2	6	4	5	3
3	4	2	6	1	5
4	5	1	3	2	6
5	6	4	2	3	1
2	1	3	5	6	4

得分：

题目 38 价格公道

图中包含了 15 个正方形：ADMO、BCHI、D、E、FGPS、I、KLQS、MNWX、N、P、PRYZ、QRUV、T、X、Z。

得分：

题目 39 丢失的连结

在网格中，每一行和每一列都有 4 个深蓝的正方形、3 个浅蓝色的正方形，并且每一行和每一列中的数字总和都是 10。因此，正确答案如下图所示。

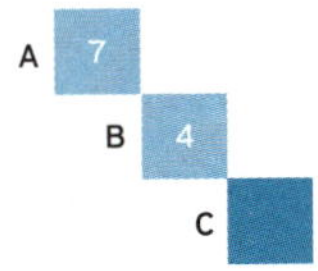

得分：

题目40 周六晚上的难题

答案如图所示。

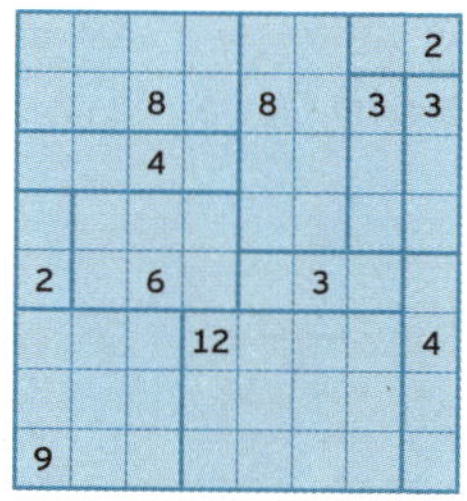

得分：

题目41 D 字路径 II

答案如图所示。

得分：

题目42 数字波浪

答案如图所示，隐藏的图像是一个螺旋形图像，它看起来像一个波浪。

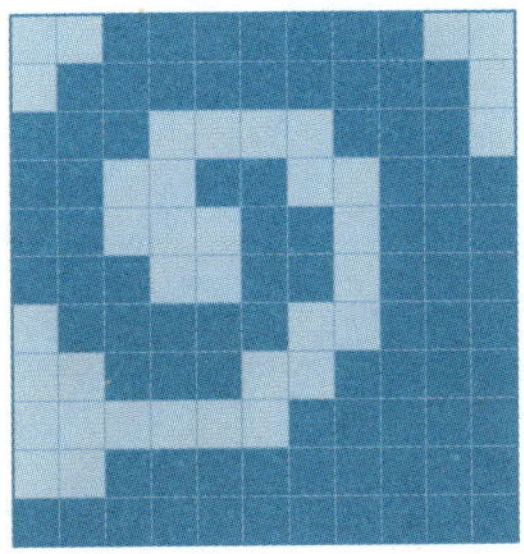

得分：

题目43 蜂窝网格

答案如图所示。

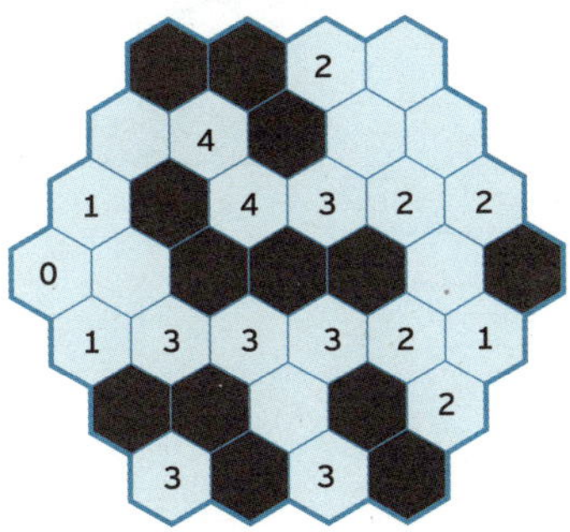

得分：

题目44 筛子 II

答案如图所示。

得分：

题目45 图像分布

答案如图所示。

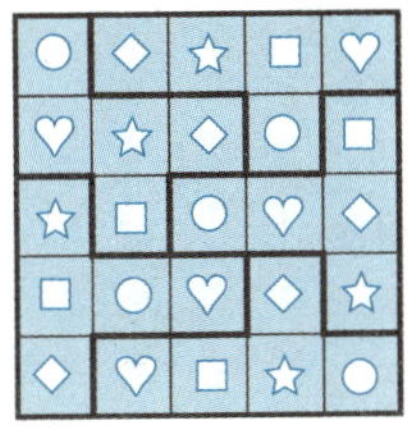

得分：

题目46 明星烹调

其中一种解决方案，如下图所示。

得分：

题目47 空间猎手

两张图片中的 8 个不同点，如右图所示。

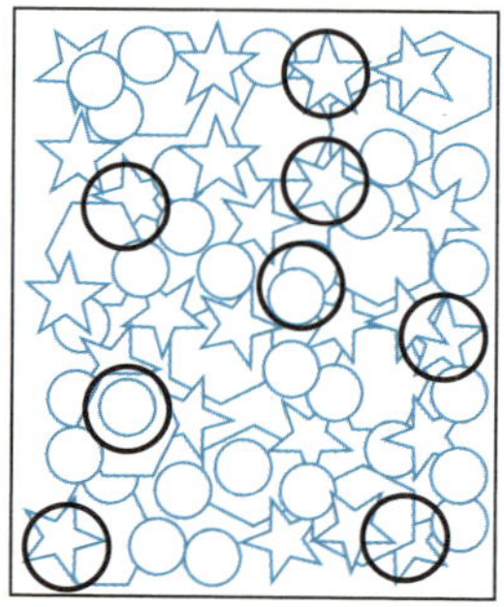

得分：

题目48 春天的星星

答案如下图所示。

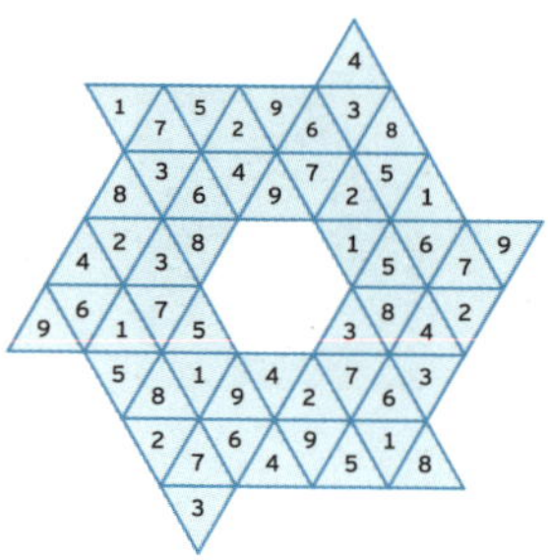

得分：

题目49 寒冷的地方

答案是两次。你只需拿起两次骰子，并且确保每个骰子都是两点朝上，将他们放在另外两个骰子上面就可以了。

得分：

题目50 同步思维

答案如下图所示。

●	♠	♥	⬟	★	✚	■	♣	♦
⬟	♦	♣	■	♠	●	★	✚	♥
★	✚	■	♣	♦	♥	⬟	●	♠
♠	♥	✚	●	♣	⬟	♦	★	■
♣	●	♦	♥	■	★	✚	♠	⬟
■	★	⬟	♠	✚	♦	●	♥	♣
♦	⬟	♠	★	●	♣	♥	■	✚
♥	♣	★	✚	⬟	■	♠	♦	●
✚	■	●	♦	♥	♠	♣	⬟	★

得分：

思维能力评分表

“聪明人都在玩的脑力游戏”系列一共包含 4 本书，分别是《如何培养数字脑》《如何培养逻辑脑》《如何培养几何脑》和《如何培养推理脑》。与本书一样，另外的 3 本书也分为测试一和测试二两部分，每部分包含 25 道特定类型的思维训练题，并在测试一后面的答案部分对题目进行提示和指导，同时提供了智力开发小贴士。如果你能透彻地理解这些智力开发小贴士，一定会对你完成测试二中的题目有所帮助。你可以使用下面的表格记录你在测试一和测试二中的得分。我在表格中列出了本系列 4 本书的书名，你可以把在每本书中的得分都记录到下表中，以方便比较自己在各种类型思维中的表现。

书名	测试一	测试二
《如何培养数字脑》		
《如何培养逻辑脑》		
《如何培养几何脑》		
《如何培养推理脑》		

对照你在每个测试中的得分，看看你的头脑表现如何：

40 分或以上——成绩优异。

35~39 分——成绩良好。

20~34 分——基本合格，但有待提升。

20 分以下——不要灰心，每个人在某些领域都有优势和劣势，重要的是相信自己的学习能力。

“聪明人都在玩的脑力游戏”系列会帮助你提升不同领域的思维能力：

《如何培养数字脑》：在这本书中的良好表现说明你头脑清晰，拥有快速运算和处理数字的能力。

《如何培养逻辑脑》：如果你在这本书中表现优异，代表你拥有令人羡慕的图像化思维能力和很强的逻辑思维能力。

《如何培养几何脑》：在这本书中表现优异，说明你的空间思维很好，在处理图像材料时会有良好的表现。

《如何培养推理脑》：在这本书中得到高分，说明你对数字与图像之间的关联十分敏感。

书　名：《如何培养数字脑

——聪明人都在玩的数字游戏》

作　者：[英] 查尔斯·菲利普斯

出版社：九州出版社

定　价：32.00 元

英国家喻户晓的脑力训练经典！

让你变聪明的神奇口袋书！

挑战大脑！ 50 道趣味游戏题让你变身逻辑思维高手！

数字是聪明人的游戏，许多为人类进步做出贡献的天才，都擅长运用数字进行思考。本书提供了 50 道精心设计的数字游戏题，分为两个难度不同的阶段，帮你测试自己的智力水平，提升数字思维能力！

一个在拍卖行工作的实习生用竞价者的入场券创造了这个数字序列游戏。在这个游戏中，大于号(>)开口方向方格中的数字要比后面的数字大，并且网格的每一行和每一列都包含整数 1 ～ 5，要求将网格中所有空白方格中的数字填写完整。你能完成这个任务吗？

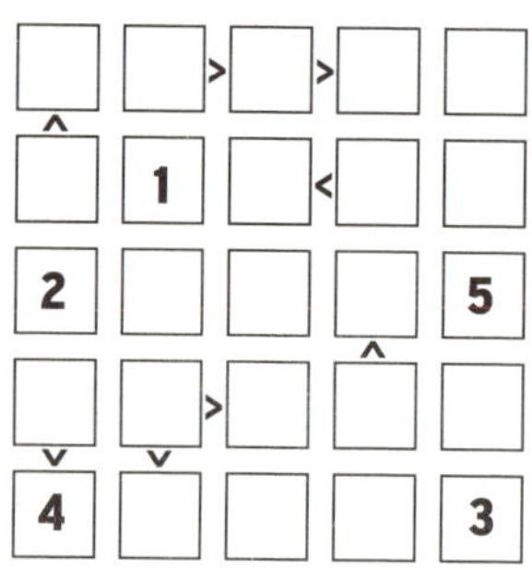

书　名：《如何培养几何脑
——聪明人都在玩的几何游戏》

作　者：[英]查尔斯·菲利普斯

出版社：九州出版社

定　价：32.00元

英国家喻户晓的脑力训练经典！

让你变聪明的神奇口袋书！

挑战大脑！ 50道趣味游戏题让你变身几何思维高手！

我们在生活中都会遇到判断物体形状和空间的情况。无论你是折叠餐桌椅、在墙上固定画框、收纳房屋还是停车入位，都需要和几何图形相关的知识。本书提供了50道精心设计的几何游戏题，分为两个难度不同的阶段，帮你测试自己的智力水平，提升几何思维能力。

一名裁缝用一块呢子布料创作了这道对称图形题目，你的任务是将右侧图形按照两条直线剪裁，创造出3个小图形，且这3个小图形的形状完全相同。